A reivindicação de Antígona

Judith Butler

A reivindicação de Antígona

O parentesco entre a vida e a morte

Tradução de
Jamille Pinheiro Dias

Revisão técnica de
Carla Rodrigues

2ª edição

Rio de Janeiro
2024

Copyright © 2000 Columbia University Press
Copyright da tradução © Civilização Brasileira, 2022

Título original: *Antigone's Claim: Kinship Between Life and Death*

Todos os direitos reservados. É proibido reproduzir, armazenar ou transmitir partes deste livro, através de quaisquer meios, sem prévia autorização por escrito.

Texto revisado segundo o novo Acordo Ortográfico da Língua Portuguesa.

Direitos desta tradução adquiridos pela
EDITORA CIVILIZAÇÃO BRASILEIRA
Um selo da
EDITORA JOSÉ OLYMPIO LTDA.
Rua Argentina, 171 — Rio de Janeiro, RJ — 20921-380 — Tel.: (21) 2585-2000.

Seja um leitor preferencial Record.
Cadastre-se no site www.record.com.br
e receba informações sobre nossos lançamentos e nossas promoções.

Atendimento e venda direta ao leitor:
sac@record.com.br

CIP-BRASIL. CATALOGAÇÃO NA PUBLICAÇÃO
SINDICATO NACIONAL DOS EDITORES DE LIVROS, RJ

B992r   Butler, Judith
     A reivindicação de Antígona : o parentesco entre a vida e a morte / Judith Butler ; tradução Jamille Pinheiro Dias ; revisão técnica de Carla Rodrigues. – 2. ed. – Rio de Janeiro : Civilização Brasileira, 2024.
     176 p. ; 21 cm.

     Tradução de: Antigone's claim
     Inclui índice
     ISBN 978-65-5802-057-8

     1. Mitologia grega – Antígona. 2. Parentesco (Filosofia). 3. Teoria Feminista. I. Dias, Jamille Pinheiro. II. Rodrigues, Carla. III. Título.

22-77264   CDD: 292.13
                                   CDU: 2-264

Gabriela Faray Ferreira Lopes – Bibliotecária – CRB-7/6643

Impresso no Brasil
2024

Sumário

Notas da edição   7
Prefácio – Judith Butler e Antígona: a desobediência como dever ético, por Berenice Bento   11

Capítulo 1. A reivindicação de Antígona   25
Capítulo 2. Leis não escritas, transmissões aberrantes   61
Capítulo 3. Obediência promíscua   103

Agradecimentos   141
Notas   143
Índice   169

Notas da Edição

NOTA À EDIÇÃO ESTADUNIDENSE

As Wellek Library Lectures in Critical Theory são proferidas anualmente na Universidade da Califórnia, em Irvine, sob os auspícios do Instituto de Teoria Crítica. As conferências a seguir foram realizadas em maio de 1998.

Instituto de Teoria Crítica
Gabriele Schwab, diretora

NOTA SOBRE AS TRADUÇÕES

No original em inglês, as referências às peças de Sófocles são das edições de Hugh Lloyd-Jones, publicadas na Loeb Library Series (Cambridge: Harvard University Press, 1994). A tradução de David Grene, *Antigone*, em *Sophocles I: Oedipus the King, Oedipus at Colonus,*

Antigone, organizada por David Grene e Richard Lattimore (Chicago: University of Chicago Press, 1991), é também citada ocasionalmente. Após cada citação das peças, há referências ao número dos versos.

NOTA SOBRE A EDIÇÃO BRASILEIRA

Nesta edição adotou-se como referência para citações o livro *Antígone*, tradução realizada por Trajano Vieira (São Paulo: Perspectiva, 2009). Para as demais tragédias de *A trilogia tebana* — *Édipo Rei* e, especialmente, *Édipo em Colono* —, as traduções são de Mário da Gama Kury (Rio de Janeiro: Zahar, 2011). Devido à diferença entre as versões em inglês e português das tragédias, e para preservar a coerência da argumentação construída por Judith Butler, quando há referência direta às edições de Lloyd-Jones e de Grene, realizou-se a livre tradução das citações. Essas ocorrências encontram-se indicadas em nota de rodapé.

NOTA DA TRADUÇÃO BRASILEIRA

O termo "reivindicação" mostra-se mais acurado como tradução do substantivo inglês "claim", adotado por Judith Butler no título original desta obra, *Antigone's Claim*. Ao fazer essa escolha, ratificada por Butler, bus-

NOTAS DA EDIÇÃO

co sublinhar a força política da reivindicação do direito ao luto, bem como enfatizar uma crítica ao modo como determinadas vidas são vistas como mais ou menos dignas de reconhecimento e valor. Nas línguas neolatinas, termos do campo semântico ligado a "clamor" e "grito" dizem respeito a um sentido de lamento ou súplica que não condiz com o teor e a potência da reivindicação de Antígona — motivo pelo qual me distanciei de tais possibilidades ao traduzir "claim". Carla Rodrigues (IFCS-UFRJ), cujo trabalho tem sido decisivo para a recepção do pensamento de Butler no Brasil, foi responsável por realizar uma minuciosa revisão técnica desta tradução, corroborando a opção pelo título *A reivindicação de Antígona*. Sou grata a ela pela oportunidade de diálogo. Agradeço também a Alex Brostoff (Kenyon College) e a Gaya de Castro Cunha (FFLCH-USP) pela interlocução que ajudou nas decisões tomadas nesta tradução. Por fim, cabe assinalar que a leitura dos nomes gregos na tragédia de Sófocles, quando feita no original, encontra maior proximidade sonora com "Antígone", "Creon" e "Ismene", dentre outros exemplos, de modo que "Antígona", "Creonte", "Ismênia" etc. são aportuguesamentos. A opção pelos nomes adaptados à lusofonia foi tomada em conjunto com a editora, privilegiando proporcionar ao público leitor uma nomenclatura mais familiar das personagens.

Jamille Pinheiro Dias, tradutora

PREFÁCIO

Judith Butler e Antígona: a desobediência como dever ético

*Berenice Bento**

Não lembro quando li pela primeira vez *Antígona*, a última peça de *A trilogia tebana*, tragédia de Sófocles escrita por volta de 442 a.C. Como Medeia, Electra e outras figuras femininas da tragédia grega, Antígona se apresentava, para mim, como tomada por ações irracionais. Reencontrei *Antígona* nos meus estudos de sociologia, pela "voz" de Sérgio Buarque de Holanda, em *Raízes do Brasil*. No capítulo "O homem cordial", ele afirma que Antígona será a encarnação da lei particular:

> Ninguém exprimiu com mais intensidade a oposição e mesmo a incompatibilidade fundamental entre os dois princípios do que Sófocles. Creonte encarna a noção abstrata, impessoal da Cidade em luta contra essa realidade concreta e tangível que é a família [...].

---

* Professora doutora do Departamento de Sociologia da Universidade de Brasília.

> O conflito entre Antígona e Creonte é de todas as
> épocas e preserva-se sua veemência ainda em nossos
> dias. Em todas as culturas, o processo pelo qual a lei
> geral suplanta a lei particular faz-se acompanhar de
> crises mais ou menos graves e prolongadas, que po-
> dem afetar profundamente a estrutura da sociedade.[1]

Essa interpretação do mito de Antígona não se distanciava consideravelmente da minha primeira leitura; afinal, a loucura da
mulher que coloca seu desejo acima da lei do Estado só poderia
ser coisa de gente desprovida de razão e que tenta transformar
seu desejo particular em lei. Sérgio Buarque de Holanda atualiza
a leitura de Antígona apresentada por Hegel para ler a relação
entre público/privado no contexto dos dilemas da constituição
de Estado brasileiro. Entre nós, no espaço acadêmico, a visão de
Hegel venceu.

O meu terceiro encontro com Antígona foi por meio da leitura do livro *A reivindicação de Antígona: o parentesco entre a
vida e a morte*, obra que pode ser lida como o clamor de Judith
Butler para resgatar a filha/irmã de Édipo dos abutres teóricos que retiram lascas de sua existência sem escutá-la. Butler
afirma: "Comecei a ler *Antígona* e a crítica a ela relacionada a
fim de verificar se seria possível considerá-la um caso exemplar,
por conta de sua condição política, de uma figura feminina que
confronta o Estado por meio de uma poderosa série de atos físicos e linguísticos" (p. 27). Li e reli o livro com uma mistura de
êxtase e indignação. Êxtase, por estar diante de uma obra que
nos ajuda a repensar o mito e, ao mesmo tempo, nos permite

PREFÁCIO

ler questões como parentesco, gênero, ontologia social, pelos atos do mito. Indignação, porque a cegueira dos teóricos (a exemplo de Hegel, Lacan e Sérgio Buarque de Holanda) para os sentidos de Antígona é sintomática do lugar que o feminino (não) ocupa em suas formulações.

O movimento do pensamento de Butler segue, aqui, o de grande parte de sua obra. Propõe um conjunto de perguntas que serão desenvolvidas em diálogo com pensadores/as que já fizeram reflexões sobre o recorte a respeito do qual Butler está trabalhando. Em *A reivindicação de Antígona*, as perguntas se voltam, principalmente, para: 1) os sentidos do confronto público que acontece entre Creonte e Antígona; e 2) a produção do parentesco inteligível, via aproximação com a tríade conceitual lacaniana (imaginário/simbólico/real). A partir desses eixos estruturantes, Butler apresenta-se, diante de nossos olhos, em fúria com o status que a psicanálise lacaniana confere à relação entre o simbólico e as normas sociais e, também, com a incompreensão de Hegel para a relação íntima entre Estado e parentesco. Não é possível haver parentesco sem o apoio e a mediação do Estado e, simultaneamente, o Estado não pode existir sem a família como um ponto de apoio e mediação.

Hegel dirá que Antígona representa os deuses do lar, a lei particular, privada. As disputas em torno da família e a legitimidade que o Estado confere à família heterossexual tornam insustentável a tese do Estado como substancialmente separado da família. Não conhecemos sequer uma experiência em que o Estado e o parentesco não estejam imbricados um no outro.

A REIVINDICAÇÃO DE ANTÍGONA

Não me refiro ao nepotismo, mas à regulação legal de práticas sexuais e de gênero. A luta por reconhecimento, no âmbito dos gêneros e sexualidades dissidentes, trouxe para o centro do debate público temas que, antes, eram tidos como externos à esfera política, pertencentes ao nível pré-político. Conforme pontua Butler, Antígona nos fala ao mesmo tempo dos limites da representação e da representatividade e, com seus atos de desobediência, aponta para as possibilidades políticas que são instauradas.

Butler se pergunta como é possível que Hegel faça uma separação radical entre parentesco e Estado, quando o próprio Creonte ocupa o lugar de mando exatamente por estar na linha sucessória da família, o que desfaz a sua suposta autoridade com fundamento em princípios éticos universais. Isso faz com que Antígona e Creonte estejam implicados um no outro. E, talvez, o espectro que rondava a cabeça de Creonte fosse a possibilidade de Antígona ocupar seu lugar. Ela, com seus atos físicos e linguísticos, não reconheceu o poder do rei, transformando-se em uma alternativa de poder. Conforme afirma Butler, Antígona não apenas comete o ato, recusando-se a obedecer ao decreto real (que proibia o sepultamento de Polinices, seu irmão), mas repete o ato de desobediência ao assumi-lo, tornando-se dona da retórica — da agência antes pertencente exclusivamente a Creonte.

As reflexões de Butler sobre a análise de Antígona por Lacan incidirão sobre o lugar que outras possibilidades de arranjos familiares, para além das posições de Mãe/Pai, ocupam. Para

PREFÁCIO

Antígona, o acesso ao parentesco inteligível estava para sempre perdido, filha que era de Édipo — seu pai e irmão —, e que, segundo Butler, atuava motivada por seu amor e desejo por seu irmão Polinices. Se Antígona dirige-se para a morte porque não interiorizou o simbólico, qual o destino que lésbicas, gays, transexuais e travestis devem ocupar no mundo social? A inexistência de categorias que conferem inteligibilidade social condena essas existências à morte? Aos psicóticos, aqueles que não entenderam, que tampouco interiorizaram a esfera simbólica em suas psiques, resta o mundo da abjeção. Mas é aí que o novo está sendo tecido. Se em Lacan a passagem malsucedida do imaginário para o simbólico produz uma estrutura psicótica da personalidade, em Butler, ao contrário, aí se encontra a contingência para as mudanças. As possibilidades abertas para novas ontologias não se limitam a uma análise da psique e de suas estruturas, mas estão articuladas com dimensões exteriores às psiques: as normas sociais e as relações de poder daí derivadas.

Teóricos lacanianos insistem que as normas simbólicas não se relacionam com as normas sociais. Butler, ao contrário, dirá que a distinção entre a lei simbólica e social não se sustenta e que uma concepção que torna atemporais certas concepções de parentesco termina por transformá-las em estruturas elementares de inteligibilidade heterossexual. Se o simbólico é universalmente válido o tempo todo, como apontam os lacanianos, uma vez que ele sempre aparece como uma função universalmente reconhecida, não se está, nos termos discutidos por Butler, substituindo Deus pelo simbólico? Não faz sentido — depois de novas gramáticas

A REIVINDICAÇÃO DE ANTÍGONA

do reconhecimento terem sido estruturadas e da emergência de novos sujeitos políticos que trazem para o espaço público o debate sobre a legitimidade dos gêneros e sexualidades dissidentes — seguir insistindo que há posições simbólicas de Mãe/Pai mediante às quais qualquer psique deve ser estruturada, independentemente da forma social assumida pelo parentesco. Ao estruturar a organização da psique nos termos da posição binária Pai/Mãe, a heterossexualidade torna-se a única possibilidade — e as múltiplas variações de gênero e sexualidade que demandam existência em atos de reconhecimento no mundo público são patologizadas. As teses lacanianas são, portanto, parte da heteronormatividade.

Butler lê *Antígona* com os dois pés no presente, nas questões que nos atravessam. O livro foi publicado no ano 2000, momento em que o debate sobre casamento gay/lésbico era intensamente discutido na França e que o Vaticano travava uma guerra midiática contra arranjos familiares homossexuais; um "momento em que o parentesco se tornou frágil, poroso e expansivo" (p. 56). As teses lacanianas não oferecem uma possibilidade crítica, mediante as quais os próprios termos da viabilidade da vida possam ser reescritos ou, mesmo, escritos pela primeira vez. Butler pergunta aos psicanalistas lacanianos franceses o porquê de o parentesco homossexual não ter direito a existir. E aqui aponta para um dos mecanismos mais perversos da psicanálise: a retirada do conteúdo histórico do simbólico para seguir justificando as "tumbas em vida" de populações para as quais é negada a humanidade. É como se os lacanianos ajudassem a afixar os cartazes de Creonte por Tebas com o de-

PREFÁCIO

creto "Ninguém pode enterrar o traidor", ou acompanhassem os guardas que levaram Antígona para sua tumba, porque ela, afinal, não atualizou em seus atos o mandado paterno. A recusa de Antígona em obedecer a lei que interdita o reconhecimento público de sua perda termina por figurar a trágica situação daqueles que perdem seus amores e são proibidos de prantear suas dores em público.

A tumba de Antígona é aberta por Butler. É como se Butler dissesse: Antígona, você é fissura no simbólico, o novo sem nome, aquilo que quer viver. Antígona, teus atos de rebeldia e os efeitos de tuas palavras poluíram a soberania de Creonte e obrigaram-no a descolar-se. Antígona, você, ao fazer e assumir o ato de cuidar do teu irmão Polinices, e não deixá-lo à mercê das disputas de abutres famintos, antecedeu o nosso desejo de publicizar os nossos lamentos, nossas dores pelas perdas de nossos amores LGBTQIA+. Com seus atos físicos e linguísticos, você, Antígona, realiza a maldição do pai e a interrompe.

Mas quão infalível é uma maldição? Há alguma maneira de quebrá-la? Uma das características das tragédias é o jogo tenso entre os enunciados dos deuses e a busca humana por interrompê-los, para tornar sem efeito as palavras lançadas para o futuro. Assim foi com Laio, Édipo e Creonte: cada um, a seu modo, negou-se ao destino da maldição. Fracassaram. Outro nome para a maldição talvez seja "herança". Quantas vezes somos surpreendidas por uma voz exterior que nos alerta que nossas ações nos remetem a nosso pai ou mãe? A maldição acontece quando tentamos nos distanciar, nos diferenciar de

A REIVINDICAÇÃO DE ANTÍGONA

comportamentos negados como eticamente válidos e, mesmo assim, somos tragadas para um lugar que não se deseja ocupar. Se estivermos condenadas a repetir o Pai (conforme apontou Lacan), não haveria possibilidade de interromper a maldição (ou a herança), mas essa estrutura localizada na psique, e que tem seus níveis de correspondência nas normas sociais, tem limites e apresenta fissuras.

A maldição pode ser lida como a reiteração das normas sociais. Algo que age sobre nós sem que saibamos ou tenhamos o poder de fazê-lo parar. Há outras maldições que nos constituem e que exigem trabalho para serem negadas. Lembro-me de uma amiga feminista, estudiosa das relações de gênero, que, aos prantos pelo fim de uma relação abusiva, me disse: "Que maldição é essa do gênero feminino? Por que não consigo sair desse círculo? Por que o feminismo não me ajuda?" As normas de gênero podem ser entendidas como uma maldição quando tentamos nos reinventar e nos deparamos com limites que nos excedem, que são "ex-táticos". Porém, ao nos movermos em direção ao desejo de mudança — ao encontro de outros sentidos para a nossa existência, que entram em conflito com os sentidos já estabelecidos — algo novo está acontecendo, certamente, ainda com a presença das digitais e assinaturas de Outros que queremos negar. Sair da esfera da relacionalidade ética (âmbito do reconhecimento recíproco) e nos movermos para a luta por reconhecimento nos impõem perdas. Para Antígona, o âmbito do reconhecimento recíproco estava para sempre perdido. A maldição de família caiu sobre ela. Mas a maldição não segue o caminho desejado pelos deuses. Tampouco os truques daqueles

PREFÁCIO

que se negam a aceitá-la conseguem reverter inteiramente o destino traçado. Como a vida na sua cotidianidade, a imprevisibilidade atravessa todas as tragédias da Trilogia. Édipo não aceitou passivamente seu destino de exilado. Nos últimos momentos de vida, o velho Édipo amaldiçoou seus filhos, expulsou Creonte de sua presença, culpou os deuses por sua miserabilidade e por ter cometido incesto sem saber.

O tema dos ritos fúnebres atravessa as três tragédias. Édipo queria ser enterrado em Tebas, mas, por ser um parricida, não podia ver seu desejo realizado. Polinices, no último encontro que tem com a irmã Antígona, a faz prometer que ela não o deixará sem um sepultamento digno. Luto e ritos fúnebres ocupam um lugar central na obra de Butler, e acredito que esta seja uma das contribuições fundamentais do seu pensamento: o status que confere ao luto como categoria política e como um tipo de indicador da noção ontológica que opera as políticas do Estado. Há uma regulação (ou, talvez, uma economia do luto) do Estado em relação às vidas que merecem ser lamentadas. O que fez Creonte? Regulou os atos fúnebres e, ao fazê-lo, estava produzindo a memória coletiva. A um irmão foram asseguradas as honras do Estado, e ele teve garantido um local para ser lembrado. O outro se transformaria em fezes dos abutres. Eu pergunto: onde estão enterradas as pessoas escravizadas no Brasil? A produção da memória coletiva (que torna possível a nós rendermos homenagens e produzirmos atos de reconhecimento, ainda que o Outro já não esteja presente) é um trabalho político, intencional.

A REIVINDICAÇÃO DE ANTÍGONA

O luto é interpretado por Butler, tanto em *A reivindicação de Antígona* quanto em outras obras,[2] como um dispositivo que permite compreender a distribuição diferencial de humanidade operada pelo Estado, um tipo de produção incessante de ontologias. Nos textos sobre o atentado de 11 de Setembro nos Estados Unidos,[3] acerca das guerras contemporâneas,[4] Butler pergunta reiteradamente quais são as vidas que merecem ser choradas e são dignas de luto. No entanto, é em *A reivindicação de Antígona* que nos deparamos com a análise contundente sobre o mandado do Estado e seus limites. O luto, portanto, nos ensina Antígona na elaboração de Butler, não é algo individual. Ao desafiar o decreto real, Antígona coloca-se diante do rei e diz que a lei que ele anuncia não lhe serve — afinal, o direito a sepultar seu irmão não está nas mãos de qualquer governante ou de leis escritas.

Ao confrontar duplamente o mandado (por meio do ato de enterrar o irmão e de assumir isso publicamente), outros efeitos acontecem. Ela torna-se homem, porque só um homem poderia ousar tais feitos, e, ao fazê-lo, feminiliza Creonte. A originalidade da análise de Butler nos permite enxergar camadas do texto invisibilizadas em outras leituras da tragédia, a exemplo dos deslocamentos de gênero. Antígona, ao se tornar masculina, transforma-se também em uma alternativa de poder ao próprio Creonte, e talvez tenha sido esse medo espectral de perder o poder que o levou a não escutar os conselhos de Tirésias, que fala em nome dos deuses. Antígona tomou o lugar de quase todos os homens de sua família.

* * *

PREFÁCIO

Escrevo este prefácio em um momento de uma dupla negação dos ritos fúnebres. A primeira negação é provocada pela pandemia da covid-19. Nesta semana, chegamos a mais de 500 mil mortos no Brasil. A segunda negação vem do Estado. Quando o presidente da República afirma que: "Eu não posso fazer nada", "Eu não sou coveiro", "Chega de mimimi", "Todos nós vamos morrer", ele atualiza Creonte. Não porque haja um decreto que nos impeça de prantear nossos mortos, mas porque a vida, como um valor, já não conta. As vidas perdidas não farão falta, não contam para a vida da Nação. Nenhum rito oficial foi adotado até o presente momento: a bandeira não baixou a meio-mastro, não houve um minuto de silêncio, não foi decretado feriado oficial, não há nenhum memorial aos mortos. A vida segue numa aparente normalidade escandalosa. É esse o mandado que devemos seguir? Devemos seguir nossa vida e não nos transformarmos em coveiros, para honra e glória da Nação? Ou devemos nos inspirar na Antígona de Butler e nos rebelar?

Devemos recuperar as forças e os esforços feministas e confrontar e desafiar o Estado, como têm feito há anos as mães dos filhos executados pelo Estado.

Brasília, 25 de junho de 2021

Referências bibliográficas

Judith Butler, *Marcos de guerra: las vidas lloradas*. Buenos Aires: Paidós, 2010 [Ed. bras.: *Quadros de guerra: quando a vida é passível de luto?* Trad. Sérgio Lamarão e Arnaldo Marques da Cunha. Rio de Janeiro: Civilização Brasileira, 2015].

_____. *Vida precaria: el poder del duelo y de la violencia*. Barcelona; Buenos Aires; México: Paidós, 2006 [Ed. bras.: *Vida precária: Os poderes do luto e da violência*. Trad. Andreas Lieber. Belo Horizonte: Autêntica, 2019].

_____. *Antigone's Claim: Kinship Between Life and Death*. Nova York: Columbia University Press, 2000 [Ed. bras.: *A reivindicação de Antígona: parentesco entre a vida e a morte*. Trad. Jamille Pinheiro Dias. Rio de Janeiro: Civilização Brasileira, 2022].

Sérgio Buarque de Holanda. *Raízes do Brasil*. Rio de Janeiro: Companhia das Letras, 1995 [1936].

Sófocles. *A trilogia tebana*. Trad. Mário da Gama Kury. Rio de Janeiro: Zahar, 2002.

*Eles são tomados e devastados por algo intrínseco
ao próprio ser.*

— HEGEL, *Estética*

CAPÍTULO 1

A reivindicação de Antígona

Comecei a pensar em Antígona há alguns anos, ao me perguntar o que havia acontecido com aqueles esforços feministas para confrontar e desafiar o Estado. Vi em Antígona uma possibilidade de contraposição à tendência, defendida por algumas novas feministas, de recorrer ao apoio e à autoridade do Estado para implementar seus objetivos políticos. Parecia que o legado de Antígona tinha se perdido nos esforços contemporâneos pela recomposição da oposição política como instância legal e pela busca da legitimidade do Estado na adesão a reivindicações feministas. De fato, é possível encontrar uma defesa de Antígona em Luce Irigaray, por exemplo, que a identifica como princípio da oposição feminista ao estatismo e faz dela exemplo de antiautoritarismo.[1]

Mas quem é essa "Antígona" que procurei usar como exemplo de certas tendências feministas?[2] Há, é claro, a "Antígona" da tragédia homônima de Sófocles, e esta é, afinal, uma ficção que não se presta facilmente a ser feita de exemplo a ser seguido sem que se corra o risco de cair na irrealidade. Não que isso tenha impedido que muitas pessoas passassem a considerá-la uma espécie de símbolo. Hegel faz dela o emblema da passagem do código matriarcal ao patriarcal, além de associá-la ao princípio do parentesco. E Irigaray, ainda que mostrando alguma incerteza, insiste na função representativa de Antígona, "Sempre vale a pena refletir sobre seu exemplo como figura histórica e figura de identidade e identificação para muitas meninas e mulheres de hoje. Nessa reflexão, devemos abstrair Antígona dos discursos sedutores e reducionistas, e escutar o que ela tem a dizer sobre o governo da pólis, sobre suas ordens e suas leis" (*Speculum*, p. 70).

Porém, como fazer de Antígona uma representante de certo tipo de política feminista, se a própria função representativa de Antígona está em crise? Como espero demonstrar nas páginas seguintes, ela pouco representa os princípios normativos do parentesco, uma vez que está impregnada por legados incestuosos que tornam confusa sua posição nessas relações. Além disso, e de qualquer modo, ela pouco representa um feminismo desvinculado do mesmo poder ao qual se opõe. Não se trata simplesmente de, como ficção, o caráter mimético ou representativo de Antígona ser já de partida questionado, mas de, como figura relevante para a política, ela apontar para outro lugar — não para a política como questão de representação, mas para a possibilidade política que emerge quando os limites da representação e da representabilidade vêm à tona.

Mas permitam-me contar a vocês os passos pelos quais cheguei até aqui. Não sou classicista nem pretendo ser. Como tantos

A REIVINDICAÇÃO DE ANTÍGONA

humanistas, li *Antígona* porque a peça levanta questões sobre parentesco e o Estado que são recorrentes em diferentes contextos culturais e históricos. Comecei a ler Antígona e a crítica a ela relacionada a fim de verificar se seria possível considerá-la um caso exemplar, por conta de sua condição política, de uma figura feminina que confronta o Estado por meio de uma poderosa série de atos físicos e linguísticos. Mas encontrei algo diferente de minhas suposições. Antes de tudo, me impressionou a leitura que Hegel e Lacan fizeram de Antígona, e o modo como Irigaray, dentre outras,[3] a interpretaram — não como uma figura política desafiadora, uma figura cujo discurso tem implicações políticas, mas sim como alguém que articula uma oposição pré-política à política, passando assim a representar *o parentesco como a esfera que condiciona a possibilidade da política sem para isso participar dela.* Na verdade, na interpretação que Hegel talvez tenha tornado mais conhecida, e que continua estruturando apropriações da peça em boa parte da teoria literária e do discurso filosófico, Antígona se torna emblema do parentesco e de sua dissolução, enquanto Creonte representa uma ordem ética emergente e a autoridade do Estado, fundada nos princípios da universalidade.

O segundo aspecto que me impressionou é um ponto ao qual pretendo retornar na conclusão deste capítulo, a saber, o modo como o parentesco é retratado no limite do que Hegel chama de "ordem ética",[4] a esfera de participação política, mas também de normas culturais viáveis, a esfera da *Sittlichkeit* [eticidade] legitimadora (as normas articuladas que regem a esfera da inteligibilidade cultural), segundo os termos hegelianos. Na teoria psicanalítica contemporânea, baseada em pressupostos estruturalistas e talvez impulsionada principalmente pela obra de Jacques Lacan, tal relação emerge de um modo ainda distinto. Em seu *O Seminário, livro VII*,[5] Lacan propõe uma leitura de Antígona que a situa nas fronteiras das esferas do imaginário e do simbólico, e na qual ela é entendida, na verdade, como uma figuração inaugural do simbólico, da esfera das leis e normas que regem o acesso à linguagem e à possibilidade da linguagem. Esta regulação ocorre precisamente presentificando certas relações de parentesco como normas simbólicas.[6] Na medida em que pertencem à esfera do simbólico, estas normas não são exatamente sociais, e nesse sentido Lacan se afasta de Hegel, ao transformar, por assim dizer, uma certa noção idealizada de parentesco em um pressuposto de inteligibilidade cultural. Ao mesmo tempo, Lacan dá continuidade a certa tradição hegeliana ao traçar uma separação entre essa esfera idealizada do parentesco, o simbólico, e aquela da ordem social. Assim, para Lacan, o parentesco se rarefaz na medida em que possibilita uma estrutura linguística, um pressuposto de uma inteligibilidade simbólica, e é, então, retirado da esfera do social; enquanto, para Hegel, o parentesco é precisamente uma relação de "sangue" e não de normas. Em outras palavras, o parentesco ainda não entrou na esfera do social, já que o social é inaugurado mediante uma substituição violenta do parentesco.

A separação entre o parentesco e o social assombra até as posições mais anti-hegelianas do legado estruturalista. Para Irigaray, o poder insurrecional de Antígona é o de quem permanece fora do político. Antígona representa o parentesco e, certamente, o poder das relações "de sangue", às quais a autora não se refere em um sentido estritamente literal. Para ela, o sangue designa algo da especificidade e do caráter vívido do corpo que os princípios puramente abstratos da igualdade política não só não conseguem captar, como também devem rigorosamente excluir e até mesmo aniquilar. Assim, ao significar "sangue", Antígona não representa exatamente uma *linha* de consanguinidade, mas algo mais parecido com um "derramamento de sangue" — o que deve ser deixado para a manutenção dos Estados autoritários. O feminino, por assim dizer, torna-se aquilo que resta, e o "sangue" se torna a figura pitoresca desta linha recorrente de parentesco, uma reconfiguração da figura da linha de consanguinidade, enfatizando o violento processo de esquecimento das relações primárias de parentesco no momento da inauguração da autoridade simbólica masculina. Para Irigaray, Antígona representa assim a passagem do princípio de legalidade baseado na maternidade, uma ordem baseada no parentesco, a um princípio de legalidade baseado na paternidade. Mas o que exatamente leva a descartar este último no que se refere ao parentesco? Há um lugar simbólico da mãe que é ocupado pelo lugar simbólico do pai, mas, antes de tudo, o que estabeleceu esses lugares? Não se trata, afinal, da mesma noção de parentesco, mas com uma ênfase e um valor situados em lugares distintos?

O contexto no qual se inscreve a leitura de Irigaray é claramente o de Hegel, que, em *Fenomenologia do espírito*, reivindica que

Antígona é "a eterna ironia da comunidade". Ela está fora dos termos da pólis, mas, por assim dizer, consiste em um fora sem o qual a pólis não poderia existir. As ironias, sem dúvida, são muito mais profundas do que imaginou Hegel: afinal, ela fala, e fala publicamente, justamente quando deveria estar segredada ao âmbito privado. Que tipo de discurso político é esse que viola os próprios limites do político, que põe escandalosamente em questão os limites que deveriam determinar seu discurso? Hegel afirma que Antígona representa a lei dos deuses domésticos (combinando os deuses ctônicos da tradição grega com os penates romanos), e Creonte, a lei do Estado. O filósofo insiste que, no conflito entre eles, o parentesco deve ceder espaço à autoridade do Estado, como árbitro final da justiça. Em outras palavras, Antígona figura como o limiar entre o parentesco e o Estado, um ponto de passagem na *Fenomenologia*, e que não é exatamente um *Aufhebung* [suprassunção], já que Antígona é superada sem jamais ser preservada quando surge a ordem ética.

A herança hegeliana da interpretação de Antígona parece pressupor a possibilidade de separar o parentesco e o Estado, ainda que postule a existência de uma relação fundamental entre ambos. Assim, cada esforço de interpretação para atribuir um caráter representativo ao parentesco ou ao Estado tende a vacilar e a perder coerência e estabilidade.[7] Essa hesitação tem consequências não apenas para a tentativa de determinar a função representativa de qualquer personagem, mas também para o esforço de pensar a relação entre o parentesco e o Estado, uma

A REIVINDICAÇÃO DE ANTÍGONA

relação que, como espero mostrar, tem relevância para nós que lemos a peça no contexto contemporâneo, no qual a política do parentesco tem posto um dilema ocidental clássico em uma crise contemporânea. Dentre as questões apontadas pela peça, há duas que destaco aqui: por um lado, se pode existir parentesco — e por parentesco não me refiro a "família" em qualquer forma específica — sem o apoio e a mediação do Estado, e, por outro, se o Estado pode existir sem a família como sistema de apoio e mediação. Além disso, quando o parentesco chega a representar uma ameaça à autoridade do Estado, e este se lança em violenta oposição contra o parentesco, será que esses termos sustentam a própria independência de um em relação ao outro? Isto se torna um problema textual de certa importância quando Antígona emerge de sua criminalidade para falar em nome da política e da lei: ela adota a própria linguagem do Estado contra o qual se rebela, e a sua linguagem se torna uma política não de pureza opositora, mas do escandalosamente impuro.[8]

Quando reli a peça de Sófocles, fiquei negativamente impressionada com as formas de cegueira que afligem tais interpretações. De fato, a cegueira presente no texto — do sentinela, de Tirésias — parece se repetir invariavelmente nas interpretações do texto, parcialmente cegas. A oposição entre Antígona e Creonte, como choque entre as forças do parentesco e as forças do Estado, não dá conta de explicar as formas pelas quais Antígona já se desprendeu do parentesco, sendo ela mesma filha de um vínculo incestuoso, dedicada a um amor incestuoso letal e impossível por seu irmão;[9] não considera como as suas ações levam outras pessoas a percebê-la como "viril" e, assim, a colocar em dúvida o modo como o parentesco pode subscrever o gênero; o modo como a sua linguagem, paradoxalmente, se aproxima muito da linguagem de Creonte, a linguagem da autoridade e da ação soberanas; e como o próprio Creonte assume a sua soberania unicamente em virtude do vínculo de parentesco que possibilita essa sucessão; como ele se torna, por assim dizer, privado de sua virilidade ao ser desafiado por Antígona e, finalmente, por suas próprias ações, ao revogar as normas que asseguram seu lugar no parentesco e na soberania. De fato, o texto de Sófocles deixa claro que ambos estão metaforicamente implicados um com o outro, sugerindo que não existe, na verdade, qualquer oposição entre os dois.[10] Na medida em que ambas as figuras, Creonte e Antígona, estão relacionadas de maneira quiasmática, parece impossível separá-las facilmente, e o poder de Antígona, na medida em que para nós ela continua a exercê-lo, parece estar relacionado não simplesmente com a forma com que o parentesco expressa sua reivindicação na linguagem do Estado, mas também com a *deformação social tanto do parentesco idealizado como da soberania política que surge como consequência do ato de Antígona*. Com seu ato, ela transgride tanto as normas de gênero quanto as de parentesco, e, ainda que a tradição hegeliana leia o seu destino como sinal evidente do fracasso e da fatalidade dessa transgressão, outra interpretação é viável. É possível também pensarmos que Antígona expõe o caráter socialmente contingente do parentesco, de modo a se

A REIVINDICAÇÃO DE ANTÍGONA

tornar, na literatura crítica, um reiterado motivo para que essa contingência seja reescrita como necessidade imutável.

O crime de Antígona, como se sabe, foi enterrar o irmão depois de Creonte, seu tio e rei, ter publicado um decreto proibindo tal enterro. Seu irmão, Polinices, comanda um exército inimigo contra o regime de seu outro irmão, Etéocles, em Tebas, com o objetivo de conquistar o que considerava ser seu lugar legítimo como herdeiro do reino. Mas tanto Polinices quanto seu irmão Etéocles morrem, de modo que Creonte, tio materno dos irmãos mortos, considera Polinices um traidor e nega a ele um funeral apropriado; além disso, pretende exibir seu cadáver nu, exposto à desonra e a ataques.[11] Antígona age, mas qual é o seu ato? Ela enterra Polinices — na verdade, ela o enterra duas vezes, e, na segunda vez, os guardas informam tê-la visto. Ao comparecer diante de Creonte, ela age mais uma vez, agora verbalmente, recusando-se a negar sua implicação no ato. Com efeito, o que Antígona recusa é a possibilidade linguística de se dissociar do ato, mas não o declara de forma afirmativa e inequívoca: ela não diz simplesmente "fiz o que foi feito".

Na verdade, o ato em si parece estar sempre à espreita na obra, ameaçando ser atribuído a possíveis responsáveis, apropriado por alguns que não o teriam cometido, repudiado por outros que talvez tivessem. Em todo caso, a ação é mediada por atos de fala: o guarda informa que a viu; ela informa que o fez.

A única maneira de quem fez o ato se conectar a ele é afirmando tal conexão linguisticamente. Ismene reivindica assumi-lo, se

33

Antígona assim autorizar, mas esta não permite. Na primeira vez em que o guarda se reporta a Creonte, ele declara: "não vi nem sei quem foi que fez" (239), como se ser testemunha do ato significasse tê-lo realizado, ou ter sido cúmplice de sua realização. O guarda está ciente de que, ao informar ter visto o ato, seu próprio relato o conectará com o feito. Assim, implora a Creonte para que reconheça a diferença entre o seu testemunho e o ato em si. Creonte, porém, tem dificuldade em fazer tal distinção, que permeia o texto como uma ambiguidade fatal. O coro especula se "os deuses não/ estariam por trás do evento grave?" (278--279), aparentemente cético quanto a uma autoria humana. E, ao fim da tragédia, Creonte exclama que os suicídios de sua mulher e de seu filho são atos *seus*, momento em que a questão do que significa ser autor de um ato se torna completamente ambígua. Todos parecem estar cientes de que o ato é transferível de quem o realizou para outras pessoas; ainda assim, em meio à proliferação retórica de negações, Antígona alega não poder negar que o ato é seu. Pois bem. Será que ela pode fazer tal afirmação?

Com que linguagem Antígona assume a autoria do ato ou, melhor dizendo, recusa-se a negar tal autoria? Ela nos é apresentada, vale recordar, por seu ato de contestação da soberania de Creonte, colocando em questão o poder de seu decreto, emitido como ordem imperativa, com o poder de fazer o que proclama, proibindo explicitamente qualquer pessoa de enterrar aquele corpo. Antígona marca então o fracasso ilocucionário da palavra de Creonte, e sua contestação assume a forma verbal de uma reafirmação de soberania, com a qual ela se recusa a dissociar o ato de sua pessoa: "Não nego nada do que eu mesma fiz" (443), que na tradução menos literal de David Grene para o inglês se torna "Sim, eu confesso: não negarei meu feito [*Yes, I confess: I will not deny my deed*]". (Em grego, Creonte diz: *"phes, e katarnei ne dedrakenai tade"*, e Antígona responde: *"kai phemi drasai kouk aparnoumai to ne"*).

"Sim, eu confesso" ou "Não nego nada do que eu mesma fiz" — assim ela responde a uma pergunta feita por outra autoridade, reconhecendo a autoridade que esse outro tem sobre ela. "Não nego nada do eu mesma fiz" — "não nego", ou seja, não serei forçada a uma negação, recuso-me a ser forçada a uma negação pela linguagem do outro, e aquilo que não vou negar é o meu ato — um ato que se torna possessivo, uma posse gramatical que só faz sentido no contexto da cena em que Antígona recusa uma confissão forçada. Em outras palavras, dizer "não nego nada do que eu mesma fiz" é se recusar a realizar uma negação, mas não é exatamente reivindicar o ato. Dizer "sim, eu o fiz" é reivindicá-lo, é também realizar outro ato na própria reivindicação, o ato de tornar público o feito de alguém, um novo ato criminoso que duplica o anterior e o substitui.

É interessante notar que tanto o ato de sepultamento realizado por Antígona quanto sua contestação verbal se tornam momentos em que ela é considerada "masculina" pelo coro, por Creonte e pelos mensageiros.[12] Creonte, de fato, escandalizado com a contestação de Antígona, decide que "mulher não mandará comigo vivo" (525), sugerindo que ele morreria se Antígona ditasse as regras. A certa altura, ele se volta veementemente para Hêmon, que se aliara a Antígona e se opusera a ele, e lhe diz: "Capacho de mulher, não tens caráter!" (746). Antes disso, Creonte expressa o medo de ser desmasculinizado por ela: se os poderes que provocaram o ato ficarem impunes, "Quem seria/ o homem [*aner*], não refreasse o seu poder,/ Antígona ou eu?" (482-484). Antígona, portanto, parece assumir a forma de uma soberania masculina específica, uma masculinidade que não pode ser compartilhada, que exige que seu outro seja feminino e inferior. No entanto, resta uma pergunta: teria Antígona realmente assumido essa masculinidade? Teria ela adentrado no gênero da soberania?

Trata-se de uma questão que certamente remete ao modo como essa figura masculina, verbalmente contestadora, vem a representar os deuses do parentesco. Parece-me pouco claro se a figura de Antígona representa o parentesco, e, se o faz, que tipo de parentesco seria esse. A certa altura, ela parece estar obedecendo aos deuses, e Hegel insiste que os deuses em questão são domésticos: ela afirma, é claro, que não obedecerá ao decreto de Creonte, pois não foi Zeus quem proclamou essa lei, argumentando assim que a autoridade de Creonte não é a de Zeus (496-501) e aparentemente manifestando sua fé na lei divina. Antígona, porém, não se mantém sempre coerente em relação a isso, tal como podemos observar em uma passagem infame, na qual ela reconhece que não teria feito o mesmo por outros membros de sua família:

A REIVINDICAÇÃO DE ANTÍGONA

Entre os sensatos, fiz o que devia,/ pois fora mãe de prole numerosa,/ ou fora meu esposo morto exposto/ ao sol, jamais desafiaria a pólis./ Baseio-me em que lei? Se meu primeiro/ marido falecesse, um outro pai/ meu filho poderia ter. Mas como/ seria novamente irmã, se o Hades/ ensombreceu meus pais? Foi essa a lei/ em que fundamentei meu hiperzelo,/ mas a Creonte quis parecer que incorro,/ irmão, na *hamartia*: erro trágico!/ Agora me conduzem pelas mãos,/ sem himeneu, sem leito, sem a moira/ matrimonial, sem filho, solitária/ de amigos, viva — moira amarga! — aos mortos (904-919).

Aqui Antígona não representa a santidade do parentesco, já que ela está disposta a desafiar a lei por seu irmão, ou pelo menos em seu nome, ainda que não por todos os seus parentes. Embora ela afirme agir em nome de uma lei que, aos olhos de Creonte, pode parecer uma sanção a um crime, a lei de Antígona parece ter apenas uma instância de aplicação. De seu ponto de vista, seu irmão não é reprodutível, o que significa que as condições sob as quais a lei se mostra aplicável não são reprodutíveis. Trata-se de uma lei aplicável em uma situação específica e, portanto, não tem generalidade nem transponibilidade; é uma lei atrelada às próprias circunstâncias às quais se aplica, formulada precisamente por meio do caso singular de sua aplicação e, portanto, não é uma lei de caráter comum ou generalizável.

Antígona, dessa forma, não age em nome dos deuses do parentesco, e sim transgredindo os mandatos desses deuses, transgressão que confere ao parentesco sua dimensão proibitiva e normativa, mas também expõe sua vulnerabilidade. Apesar de Hegel argumentar que o feito de Antígona se opõe ao de Creonte, *os dois atos não se opõem, mas se espelham*, sugerindo que se um representa o parentesco e outro o Estado, eles só realizam essa representação se cada um se permitir estar implicado no idioma do outro. Ao endereçar a fala a Creonte, Antígona se masculiniza; como alguém para quem se fala, Creonte se desmasculiniza; assim, nenhum deles preserva sua própria posição dentro do gênero, e a perturbação do parentesco parece desestabilizar o gênero em toda a tragédia.

O ato de Antígona é, de fato, ambíguo desde o início. Não se trata apenas do gesto desafiador de enterrar o irmão, mas também do ato verbal com que responde à pergunta de Creonte. Seu ato, então, ocorre na esfera da linguagem. Tornar público o próprio ato pela linguagem é, de certa forma, completá-lo, mas é também o momento que implica Antígona em um excesso masculino, a *hýbris*. Então, ao começar a agir na esfera da linguagem, Antígona também se distancia de si mesma. Seu ato nunca é totalmente seu, e embora ela use a linguagem para reivindicá-lo, para afirmar uma autonomia "viril" e insolente, ela só pode realizar esse ato incorporando as normas do poder ao qual se opõe. Na verdade, o que confere poder a esses atos verbais é a operação normativa de poder que eles incorporam, ainda que sem realizá-lo completamente.

A REIVINDICAÇÃO DE ANTÍGONA

Antígona, assim, vem a agir de maneiras tidas como viris não apenas por desafiar a lei, mas também por assumir a voz da lei ao cometer um ato contra a lei. Ela não apenas realiza o ato, recusando-se a obedecer ao decreto, mas também o reitera ao se recusar a negar que foi ela quem o cometeu, apropriando-se, assim, da retórica da agência do próprio Creonte. A agência de Antígona se expressa precisamente em sua recusa a atender o comando imposto por ele, e, ainda assim, essa recusa na linguagem assimila os próprios termos da soberania rejeitada por ela. A expectativa de Creonte é de que a sua palavra controle os atos de Antígona, que em vez disso lhe responde contrariando o ato de fala soberano dele e afirmando a própria soberania. A reivindicação se torna um ato que reitera o ato que afirma, estendendo o ato de insubordinação ao confessá-lo por meio da linguagem. Essa confissão, no exato instante em que é feita, impõe paradoxalmente um sacrifício da autonomia: Antígona afirma a si mesma ao se apropriar da voz do outro, aquele a quem ela se opõe; assim, ela conquista sua autonomia ao se apropriar da voz autoritária daquele a quem resiste, uma apropriação que traz em si traços de uma recusa, ao mesmo tempo, de uma assimilação dessa mesma autoridade.[13]

Ao desafiar o Estado, ela também repete o ato desafiador de seu irmão, promovendo assim a repetição de uma contestação que, ao afirmar lealdade ao irmão, acaba por situá-la como aquela que pode substituí-lo e, assim, de fato toma seu lugar e o territorializa. Ela assume a condição masculina ao vencê-la, mas só pode vencê-la quando a idealiza. A certa altura, seu ato parece estabelecer sua rivalidade e superioridade em relação a Polinices — ela pergunta: "Mas quem alcançaria/ glória [*kleos*] maior que a minha, ao sepultar/ meu irmão Polinices?" (502-504).

Não apenas o Estado pressupõe o parentesco e o parentesco pressupõe o Estado, como os "atos" realizados em nome de um desses princípios se dão na linguagem do outro, confundindo a distinção entre os dois em um nível retórico e, portanto, pondo em jogo a estabilidade da distinção conceitual entre eles.

Embora eu retorne a Hegel e Lacan mais detalhadamente no próximo capítulo, pode nos ser útil observar os vários modos pelos quais o parentesco, a ordem social e o Estado figuram, de forma diversa e às vezes inversa, em seus textos. O Estado não aparece nas discussões de Lacan sobre Antígona, nem, antes dele, na análise inicial da cultura feita por Lévi-Strauss. Uma ordem social se alicerça, antes, em uma estrutura de comunicabilidade e inteligibilidade entendida como simbólica. E, ainda que para ambos os teóricos o simbólico não seja a natureza, por outro lado o simbólico institui a estrutura do parentesco de formas que não são exatamente maleáveis. Para Hegel, o parentesco pertence à esfera das normas culturais, mas essa esfera deve ser analisada a partir de sua relação de subordinação ao Estado, mesmo que o Estado dependa dessa estrutura de parentesco para a sua própria gênese e preservação.

Assim, Hegel certamente reconhece a maneira pela qual o Estado pressupõe as relações de parentesco, mas argumenta que o ideal é a família preparar jovens para a guerra, já que

A REIVINDICAÇÃO DE ANTÍGONA

serão eles que virão a defender as fronteiras da nação. Eles enfrentarão uns aos outros na luta de vida e morte das nações e idealmente virão a residir sob um regime legal no qual são, de certo modo, abstraídos da *Sittlichkeit* [eticidade] nacional que estrutura a sua participação.[14]

Na *Fenomenologia* de Hegel, Antígona aparece como figura apenas para ser transfigurada e ultrapassada no decorrer da descrição que o autor faz dos atos realizados por ela. Para ele, no entanto, Antígona morre como poder do feminino e encontra nova definição como poder materno, cuja única tarefa nos movimentos do Espírito é gerar um filho para servir aos propósitos do Estado, um filho que deixará a família para se tornar um cidadão pronto para guerrear. Assim, *a cidadania exige um repúdio parcial das relações de parentesco que conformam a existência do cidadão masculino*, ainda que o parentesco continue sendo o único capaz de produzir esses cidadãos.

Para Hegel, Antígona não encontra lugar na cidadania por ser incapaz de oferecer ou receber reconhecimento na ordem ética.[15] O único tipo de reconhecimento que ela pode receber (e aqui é importante lembrar que, para Hegel, o reconhecimento é por definição recíproco) é de seu irmão e por ele. Ela só pode obter reconhecimento do irmão (e, consequentemente, recusa-se a abandoná-lo), porque, segundo Hegel, trata-se de uma relação aparentemente desprovida de desejo. Fosse ela marcada pelo desejo, não haveria possibilidade alguma de reconhecimento. Mas por quê?

Hegel não nos diz exatamente por que a aparente falta de desejo entre irmão e irmã os qualifica para o reconhecimento no âmbito das relações de parentesco, mas sua abordagem implica que o incesto constituiria a impossibilidade de reconhecimento; em outras palavras, implica que o próprio esquema da inteligibilidade cultural, da *Sittlichkeit* [eticidade], da esfera em que o reconhecimento recíproco é possível, pressupõe a estabilidade pré-política do parentesco. Implicitamente, Hegel parece entender que a proibição do incesto sustenta o parentesco, mas ele não o diz explicitamente. Ele argumenta, antes, que a relação de "sangue" torna impossível o desejo entre irmão e irmã, e que é o sangue, portanto, que torna estável o parentesco e sua dinâmica interna de reconhecimento. Dessa forma, segundo Hegel, Antígona não deseja seu irmão, e a *Fenomenologia*, assim, converte-se no instrumento textual da proibição do incesto, efetuando o que ela não pode nomear, o que nomeia posteriormente, de maneira equivocada, por meio da figura do sangue.

De fato, parece particularmente estranho, na discussão anterior sobre o reconhecimento na *Fenomenologia*, que o desejo (§167) se torne o desejo de reconhecimento, um desejo que busca seu reflexo no Outro, um desejo que busca negar a alteridade do Outro, um desejo que se encontra na obrigação de necessitar do Outro, alguém que se teme ser e por quem se teme ser capturado; na realidade, sem esse vínculo constitutivo apaixonado não pode haver reconhecimento. Nessa análise inicial, o drama do reconhecimento mútuo começa quando uma consciência descobre que está perdida, perdida no Outro, que saiu de si mesma, que se encontra como o Outro ou, melhor, no Outro. O reconhecimento, portanto, começa com a percepção de que uma pessoa se perde no Outro, apropria-se de uma alteridade e é apropriada por uma alteridade que, ao mesmo tempo, corresponde e não corresponde a si mesma, e o reconhecimento é motivado pelo desejo de se encontrar refletida ali, onde o reflexo não é uma expropriação final. Na verdade, a consciência busca uma recuperação de si mesma, nem que seja apenas para reconhecer que da alteridade não há retorno a um eu anterior, mas somente uma transfiguração cuja premissa é a impossibilidade de retorno.

Assim, na seção "Dominação e escravidão", o reconhecimento é motivado pelo desejo de reconhecimento, e o reconhecimento em si é uma forma cultivada de desejo, não mais o simples consumo ou negação da alteridade, mas a dinâmica complexa em que alguém busca encontrar a si mesmo no Outro apenas para descobrir que esse reflexo é o signo da própria expropriação e perda de si. Dessa forma, nessa primeira parte, para o sujeito da *Fenomenologia*, não há reconhecimento sem desejo. E, ainda assim, no caso de Antígona, segundo Hegel, não pode haver reconhecimento com desejo. Na verdade, ela recebe reconhecimento apenas na esfera do parentesco, e no relacionamento com o irmão, sob a condição de que não haja desejo.

A leitura que Lacan faz de Antígona, à qual retornarei no próximo capítulo, também indica a presença de certa idealidade em relação ao parentesco. Sugere ainda que Antígona nos oferece acesso a essa posição simbólica. Para Lacan, não é o conteúdo de seu irmão que Antígona ama, mas seu "Ser puro", uma idealidade do ser que pertence à esfera do simbólico. O simbólico é garantido precisamente através de uma eliminação ou negação da pessoa viva; assim, uma posição simbólica nunca é proporcional ao indivíduo que se encontra ocupando-a, mas assume seu estatuto simbólico exatamente em função dessa incomensurabilidade.

Dessa forma, Lacan pressupõe que o irmão existe na esfera simbólica e que é esse irmão simbólico que Antígona ama. Pessoas lacanianas tendem a separar o valor simbólico do parentesco do valor social, cristalizando assim os arranjos sociais do parentesco em algo intacto e intratável, como aquilo de que a teoria social pode tratar em um registro diferente e em um momento diferente. Tais visões separam o social do simbólico apenas para preservar um sentido estável de parentesco no último. O simbólico, que nos apresenta o parentesco como uma função da linguagem, é separado dos arranjos sociais de parentesco, pressupondo que (a) o parentesco se estabelece no momento em que a criança acessa a linguagem, (b) o parentesco é uma função da linguagem, e não de uma instituição socialmente alterável qualquer, e (c) a linguagem e o parentesco não são instituições socialmente alteráveis — ou, pelo menos, não facilmente alteradas.

Desse modo, Antígona, que de Hegel a Lacan é vista como defensora do parentesco, um parentesco marcadamente *não* social, um parentesco que segue regras que são condição de inteligibilidade para o social, representa, por assim dizer, a aberração fatal do parentesco. Lévi-Strauss fala sobre a interioridade das regras que regem o parentesco quando afirma que "o fato de ser uma regra, considerada de forma totalmente independente de suas modalidades, constitui de fato a própria essência da proibição do incesto" (p. 32, p. 37).[16*] Assim, mais do que ser simplesmente uma regra, a proibição instancia a idealidade e a persistência da própria regra. "A regra", ele diz, "é ao mesmo tempo social, na medida em que é uma regra, e *pré-social*, por sua *universalidade* e pelo *tipo* de relações a que impõe sua norma" (p. 12, p. 14). Posteriormente, ele afirma que o tabu do incesto não é nem exclusivamente biológico (ainda que o seja parcialmente), nem exclusivamente cultural, mas está localizado, antes, "no limiar da cultura", pertencendo a um conjunto de regras que geram a possibilidade da cultura e que, portanto, são distintas da cultura que geram, mas não inteiramente.

No capítulo intitulado "O problema do incesto", Lévi--Strauss deixa claro que o conjunto de regras que ele articula não é, estritamente falando, nem biológico, nem cultural. Em suas palavras, "É verdade que, por seu caráter de universalidade, a proibição do incesto diz respeito à natureza [*touche à la*

---

* As citações diretas das obras referenciadas foram traduzidas livremente para o português, a partir das traduções em língua inglesa constantes na edição original de *Antigone's Claim*. Essa escolha objetiva manter a fluidez do texto e a coerência das construções de Judith Butler. [*N. da E.*]

A REIVINDICAÇÃO DE ANTÍGONA

nature], isto é, à biologia ou à psicologia, ou a ambas de uma só vez; mas não é menos verdade [*il n'est pas moins certain*] que, sendo uma regra, constitui um fenômeno social, pertencente ao universo das regras [*l'univers des règles*] e, portanto, à cultura, e à sociologia, cujo objeto de estudo é a cultura" (p. 24, p. 28). Assim, ao explicar as consequências para uma etnologia possível, Lévi-Strauss argumenta que é preciso reconhecer "a regra por excelência, a única regra universal e que assegura o domínio da cultura sobre a natureza [*la Règle par excellence, la seule universelle et qui assure la prise de la culture sur la nature*]" (p. 24, p. 28). Mais adiante, nessa mesma análise, Lévi-Strauss deixa claro o quanto é difícil determinar o estatuto dessa proibição universal ao escrever:

> A proibição do incesto não é de origem nem puramente cultural, nem puramente natural; tampouco é uma combinação de elementos extraídos em parte da natureza e em parte da cultura. Ao contrário, ela constitui o passo fundamental [*la démarche fondamentale*] graças ao qual, através do qual, e, sobretudo, no qual se realiza a passagem da natureza para a cultura. Em certo sentido, ela pertence à natureza, pois constitui uma condição geral da cultura. Consequentemente, não surpreende o fato de que ela retenha da natureza [*tenir de la nature*] seu caráter formal, ou seja, sua universalidade. Porém, em outro

A REIVINDICAÇÃO DE ANTÍGONA

sentido, já é cultura, exercendo e impondo sua regra sobre fenômenos que inicialmente não dependem dela (p. 24, pp. 28-29).

Ainda que Lévi-Strauss insista em que a proibição não é nem uma (natureza) nem outra (cultura), ele também propõe pensar a proibição como o "vínculo" [*le lien*] entre uma e outra. Entretanto, sendo uma relação de mútua exclusão, é difícil entendê-la como um vínculo ou, de fato, como uma transição.[17] Assim, seu texto parece oscilar entre essas diferentes posições, entendendo a regra como parcialmente composta de natureza e cultura, mas não exclusivamente, entendendo-a como exclusiva a ambas as categorias, entendendo-a como um ponto de transição, por vezes um elemento casual, ou vínculo, por vezes entendida como um elemento estrutural entre natureza e cultura.

As estruturas elementares do parentesco foi publicado em 1947, e ao longo de seis anos Lacan começou a desenvolver sua análise mais sistemática do simbólico, aquelas regras fundamentais que tornam a cultura possível e inteligível, e que não são nem totalmente redutíveis ao seu caráter social, nem estão deste permanentemente separadas. Uma das questões que abordarei nos próximos capítulos é se podemos avaliar criticamente o estatuto dessas regras que comandam a inteligibilidade cultural, mas que não são redutíveis a uma determinada cultura. Além disso, como funcionam tais regras? Se por um lado nos dizem que a regra da proibição do incesto é universal, Lévi-Strauss também reconhece que ela nem sempre "funciona". O que ele não investiga, no entanto, é a pergunta: quais são as formas que esse não funcionamento assume? E, ainda: quando a proibição parece funcionar, há um espectro de seu não funcionamento que a mantém e a sustenta?

De forma mais específica, até que ponto tal regra, entendida como proibição, pode realmente funcionar de forma efetiva sem gerar e manter o espectro de sua própria transgressão? Será que tais regras produzem conformidade, ou será que também produzem um conjunto de configurações sociais que excedem e desafiam as regras das quais se originam? Considero que tais questões estão no que Foucault apontou como a dimensão *produtiva* e *excessiva* das regras do estruturalismo. Nas próprias descrições teóricas, aceitar a eficácia final da regra significa viver sob o seu regime, ou seja, aceitar a força do seu decreto. É interessante, pois, observar que muitas das leituras da tragédia de Sófocles insistem que não se trata de um amor incestuoso. É possível perguntar ainda se a leitura da peça, nesses casos, não se torna uma oportunidade de reforçar o cumprimento da regra: aqui não há nem pode haver incesto.[18] Hegel faz o mais dramático desses gestos quando insiste na simples ausência de desejo entre irmão e irmã. Até mesmo Martha Nussbaum, em suas reflexões sobre a peça, observa que Antígona não parece mostrar uma conexão profunda com o irmão.[19] E Lacan argumenta, é claro, que ela não ama o irmão em seu *conteúdo*, mas em seu ser como tal — mas onde isso nos deixa? Que tipo de lugar ou posição se delineia assim? Para Lacan, Antígona persegue um desejo que só pode levar à morte, justamente porque procura desafiar as normas simbólicas. Seria essa, porém, a forma correta de interpretar seu desejo? Ou será que o simbólico em si produziu uma crise para a própria inteligibilidade? Podemos pressupor que Antígona não está confusa de maneira alguma quanto a quem é seu irmão e quem é seu pai, que Antígona não está vivendo, por assim dizer, os equívocos que revelam a pureza e a universalidade dessas regras estruturalistas?

Os teóricos lacanianos argumentam em sua maioria que as normas simbólicas não são iguais às normas sociais. Para Lacan, o "simbólico" passa a ser um termo técnico em 1953 e se torna a sua própria maneira de combinar os usos matemáticos (formais) do termo com aquele introduzido por Lévi-Strauss. O simbólico é definido como domínio da Lei que regula o desejo no complexo de Édipo.[20] Entende-se esse complexo como derivado de uma proibição primária ou simbólica do incesto, uma proibição que faz sentido somente do ponto de vista das relações de parentesco nas quais várias "posições" se estabelecem dentro da família com base em um mandato exogâmico. Em outras palavras, uma mãe é alguém com quem um filho e uma filha não têm relações sexuais, e um pai é alguém com quem um filho e uma filha não têm relações sexuais, uma mãe é alguém que só tem relações sexuais com o pai etc. Essas relações proibitivas são, assim, codificadas de acordo com a "posição" ocupada por cada membro da família. Estar em uma dessas posições, portanto, é estar em tal relação sexual cruzada, pelo menos de acordo com a concepção simbólica ou normativa do que é essa "posição".

A tradição estruturalista presente no pensamento psicanalítico exerceu uma influência significativa sobre o cinema e a teoria literária feministas, assim como as abordagens feministas da psicanálise que atravessam diferentes disciplinas. De fato, ouvimos falar muito em "posições" na teoria cultural recente, e nem sempre estamos cientes de sua gênese. Essa tradição também abriu caminho para uma crítica da teoria *queer* ao feminismo, uma crítica que teve, e continua a ter, efeitos produtivos e dissidências dentro dos estudos de sexualidade e gênero. A partir dessa perspectiva, perguntamos: ainda resta uma vida social para o parentesco, uma vida que possa acomodar mudanças nas relações de parentesco? Para quem trabalha com estudos contemporâneos de gênero e sexualidade, a tarefa não é fácil, dado o legado teórico decorrente desse paradigma estruturalista e seus precursores hegelianos.

Defendo que a distinção entre a ordem simbólica e a lei social, em última análise, não se sustenta; que o simbólico não apenas é, ele próprio, a sedimentação das práticas sociais, mas que as alterações radicais no parentesco impõem uma rearticulação dos pressupostos estruturalistas da psicanálise e, consequentemente, da teoria contemporânea do gênero e da sexualidade.

Com essa tarefa em mente, voltemos à cena do tabu do incesto, em que surge a questão: qual é o estatuto dessas proi-

A REIVINDICAÇÃO DE ANTÍGONA

bições e posições? Lévi-Strauss deixa claro, em *As estruturas elementares do parentesco*, que não há nada na biologia que exija a existência do tabu do incesto, mecanismo pelo qual a biologia é transformada em cultura. Tal proibição, portanto, não é nem biológica nem cultural, embora a própria cultura necessite dela. Por "cultural", Lévi-Strauss não quer dizer "culturalmente variável" ou "contingente", mas sim algo que funciona de acordo com as regras "universais" da cultura. Assim, para Lévi-Strauss, as regras culturais não são alteráveis (conforme Gayle Rubin argumentaria mais tarde), mas as formas pelas quais elas se manifestam são variáveis. Além disso, essas regras são também o que faz as relações biológicas se transformarem em cultura, ainda que não pertençam a uma cultura específica. Nenhuma cultura em particular pode vir a existir sem essas regras; estas, no entanto, são irredutíveis a qualquer uma das culturas que elas mesmas geram. O domínio de uma regra cultural eterna e universal, o que Juliet Mitchell chamou de "lei universal e primordial",[21] torna-se o fundamento da ideia lacaniana do simbólico e das tentativas subsequentes de separar o simbólico tanto da esfera do biológico quanto do social.

Em Lacan, aquilo que é culturalmente universal é entendido como regras simbólicas ou linguísticas, e estas são as que codificam e explicam as relações de parentesco. A própria possibilidade de uma referência pronominal, de um "eu", um "você", um "nós" e um "eles", parece depender desse modo de parentesco que atua na e como linguagem. Essa passagem do

A REIVINDICAÇÃO DE ANTÍGONA

cultural para o linguístico é sugerida pelo próprio Lévi-Strauss perto da conclusão de *As estruturas elementares do parentesco.* Em Lacan, o simbólico é definido do ponto de vista de uma concepção de estruturas linguísticas que são irredutíveis às formas sociais assumidas na linguagem, ou que, segundo termos estruturalistas, estabelecem as condições universais sob as quais a sociabilidade, ou seja, a comunicabilidade de todos os usos linguísticos, torna-se possível. Esse movimento abre caminho para a consequente distinção entre as versões simbólicas e sociais do parentesco.

Assim, uma norma social não é exatamente o mesmo que uma "posição simbólica" que, no sentido lacaniano, parece gozar de um caráter quase atemporal, independentemente das qualificações indicadas em notas de rodapé em vários dos seus seminários. Pessoas lacanianas quase sempre insistem que seria errado considerar a posição simbólica do pai, por exemplo, que é, afinal de contas, a posição paradigmaticamente simbólica, e confundi-la com a posição socialmente constituída e alterável que os pais vêm assumindo ao longo do tempo. A visão lacaniana reafirma a existência de uma demanda ideal e inconsciente sobre a vida social que não pode ser reduzida a causas e efeitos sociais legíveis. O lugar simbólico do pai não cede às exigências de uma reorganização social da paternidade. O simbólico é exatamente o que põe limites em todo e qualquer esforço utópico de reconfigurar e reviver as relações de parentesco a alguma distância da cena edípica.[22]

A REIVINDICAÇÃO DE ANTÍGONA

Quando o estudo do parentesco foi combinado ao da linguística estruturalista, as posições de parentesco foram elevadas à condição de certa ordem de posições linguísticas sem as quais nenhuma significação poderia existir, nenhuma inteligibilidade seria possível. Quais foram as consequências de tornar atemporais certas concepções de parentesco e depois elevá-las à condição de estruturas elementares de inteligibilidade? Isso seria melhor ou pior que postular o parentesco como uma forma natural?

Se, portanto, uma norma social não coincide com uma posição simbólica, então uma posição simbólica, aqui entendida como a idealidade sedimentada da norma, parece se distanciar de si mesma. A distinção entre ambas não se sustenta, já que em cada uma delas nos referimos inevitavelmente a normas sociais, ainda que em modalidades diferentes. A forma ideal ainda é uma norma contingente, mas cuja contingência passou a ser considerada necessária, uma forma de reificação com rígidas consequências para a vida generificada. Quem discorda desta visão tende a argumentar, com certa exasperação: "Mas é a lei!" Qual, entretanto, é o estatuto de tal enunciado? "É a lei!" se converte no enunciado que atribui performativamente à lei a mesma força que a própria lei supostamente exerce. Assim, "é a lei" é um signo de lealdade à lei, um signo do desejo de que a lei seja incontestável, um impulso teológico que, dentro da teoria psicanalítica, procura tirar de cena qualquer crítica ao pai simbólico, a lei da própria psicanálise. Dessa forma, o estatuto conferido à lei é exatamente aquele atribuído ao falo, o lugar simbólico do pai, o indiscutível e incontestável. A teoria revela sua própria defesa tautológica. A lei além das leis vai pôr um fim à ansiedade produzida por uma relação crítica com a autoridade definitiva que claramente não sabe quando parar: um limite ao social, ao subversivo, à possibilidade de agência e mudança, um limite ao qual nos agarramos, sintomaticamente, como a uma derrota final do nosso próprio poder. Defensores desta posição argumentam que ficar sem tal lei seria puro voluntarismo ou anarquia radical! Será mesmo? E aceitar tal lei como árbitro final da vida do parentesco? Isso não seria resolver por meios teológicos os dilemas concretos dos acordos sexuais humanos que não têm formas normativas definitivas?

Pode-se certamente reconhecer o desejo como radicalmente condicionado sem ter de afirmar que ele é radicalmente determinado, e que existem estruturas capazes de tornar o desejo possível sem defender que estas são impermeáveis a uma articulação reiterativa e transformadora. Esta última afirmação não se trata de um retorno ao "eu" ou a noções liberais clássicas de liberdade, mas insiste que a norma tem na sua temporalidade uma abertura à subversão a partir de dentro e em direção a um futuro que não pode ser completamente previsto. E, apesar de tudo, Antígona não pode representar plenamente essa subversão e esse futuro, pois ela põe em crise a própria função representativa, o próprio horizonte de inteligibilidade no qual opera e de acordo com o qual permanece, de certa forma, impensável. Antígona, por ser descendente de Édipo, nos exorta a perguntar: o que será da herança de Édipo quando as regras que ele cegamente desafia e institui não levarem mais à estabilidade que Lévi-Strauss e a psicanálise estruturalista lhes conferiram? Em outras palavras, Antígona é alguém para quem as posições simbólicas passaram a ser incoerentes, confundindo, como ela faz, irmão e pai; aparecendo, como ela faz, não como uma mãe, mas sim — conforme certa etimologia sugere — "no lugar da mãe".[23] Até mesmo seu nome é entendido como "antigeração" (*gonē* [geração]).[24] Antígona já se encontra, portanto, a certa distância daquilo que representa, e o que ela representa está longe de ser claro. Se a estabilidade do lugar materno não pode ser resguardada, como também não o pode a estabilidade do lugar paterno, o que acontece com Édipo e a interdição que ele representa? O que ele realizou?

Faço essa pergunta, é claro, em uma época em que a família é idealizada de maneira nostálgica dentro de diferentes formas culturais, uma época em que o Vaticano protesta contra a homossexualidade não apenas como um ataque à família mas também à própria ideia do humano, segundo a qual se tornar humano, para alguns, implica ter de participar da família em seu sentido normativo. Levanto essa questão também em uma época em que as crianças, devido ao divórcio e ao segundo casamento, devido às migrações, ao exílio e às situações de refúgio, devido às várias formas de deslocamento global, podem passar de uma família para outra, de uma família para nenhuma, de nenhuma família para uma família, ou podem viver, fisicamente, na encruzilhada da família, ou em situações familiares formadas por muitas camadas, em que podem muito bem ter mais de uma mulher atuando como mãe, mais de um homem atuando como pai, ou nenhuma mãe, ou nenhum pai, ou meios-irmãos que são também amigos — trata-se de um momento em que o parentesco se tornou frágil, poroso e expansivo. É também um momento em que as famílias heterossexuais e gays por vezes se misturam, ou em que famílias gays aparecem em formas nucleares e não nucleares. Qual será o legado de Édipo para aquelas pessoas que se formam nessas situações, em que as posições são pouco claras, em que o lugar do pai se mostra disperso, em que o lugar da mãe é deslocado ou ocupado em multiplicidade, em que o simbólico já não se mantém de forma estanque?

De certa forma, Antígona representa os limites da inteligibilidade expostos nos limites do parentesco. Mas ela o faz de maneira que se distancia de uma pureza, que seria difícil qualquer um romantizar ou, a rigor, ser considerada um exemplo. Antígona, afinal, apropria-se da postura e da linguagem daquele a quem se opõe, assume a soberania de Creonte, e até mesmo reivindica a glória destinada ao seu irmão, experimentando uma estranha lealdade ao seu pai, a quem está ligada pela própria maldição dele. Seu destino é não ter uma vida para viver, mas estar condenada à morte antes de ter qualquer possibilidade de vida. Isso levanta a questão de como é possível que o parentesco proporcione as condições de inteligibilidade pelas quais a vida se torna vivível, pelas quais a vida também passa a ser condenada e foracluída. A morte de Antígona é sempre dupla no decorrer da tragédia: ela afirma não ter vivido, não ter amado e não ter tido filhos, e, portanto, ter sido atingida pela maldição que Édipo lançou sobre seus filhos, "servindo à morte" durante toda a vida. A morte significa, pois, a vida não vivida, e assim, ao se aproximar da tumba que Creonte lhe preparou em vida, ela se encontra com um destino que sempre foi seu. Seria esse, talvez, o desejo impossível com o qual vive, o próprio incesto, que faz com que sua vida seja uma morte em vida, que não encontra espaço nos termos que conferem inteligibilidade à vida? Ao se aproximar da tumba onde deve ser sepultada em vida, Antígona observa:

> Meu túmulo, meu tálamo, morada-/ -catacumba,
> onde buscarei os meus [tous emautes] (891-892).

Assim, a morte é retratada como um tipo de casamento com familiares que já morreram, afirmando a qualidade mortal dos amores para os quais não há lugar viável e vivível na cultura. É sem dúvida importante, por um lado, rejeitar a sua conclusão de que não ter filhos representa por si só um destino trágico e, por outro, rejeitar a conclusão de que o tabu do incesto deve ser desfeito para que o amor possa florescer livremente em toda parte. Nem o retorno à normalidade familiar nem a celebração da prática incestuosa são o objetivo aqui. A situação de Antígona, entretanto, oferece de fato uma alegoria para a crise do parentesco: quais acordos sociais podem ser reconhecidos

A REIVINDICAÇÃO DE ANTÍGONA

como amor legítimo, e quais perdas humanas podem ser explicitamente enlutadas como verdadeiras, dotadas de consequências? Antígona se recusa a obedecer a qualquer lei que vete o reconhecimento público de sua perda e, ao fazê-lo, prefigura a situação em que as pessoas cujas perdas foram impedidas de ser enlutadas publicamente — as causadas pela aids, por exemplo — conhecem tão bem. A que tipo de morte em vida tais pessoas foram condenadas?

Ainda que Antígona morra, seu ato permanece na esfera da linguagem. Mas qual é o seu ato? Esse ato, que *é* e *não é* seu, configura uma transgressão às normas de parentesco e gênero que expõe o caráter precário dessas normas, a sua transferibilidade imprevista e incômoda, além de sua capacidade de reiteração em contextos e formas que não podem ser totalmente previsíveis.

Antígona não representa o parentesco em sua forma ideal, mas sim sua deformação e seu deslocamento, o que põe em crise os regimes vigentes de representação e levanta questões quanto a quais poderiam ter sido as condições de inteligibilidade que teriam tornado sua vida possível; de fato, qual é a teia de relações que sustenta e torna possível a nossa vida, a vida daqueles entre nós que confundem o parentesco na rearticulação de seus termos? Quais novos esquemas de inteligibilidade tornam nossos amores legítimos e reconhecíveis, quais deles tornam nossas perdas verdadeiras? Essa pergunta reabre a relação entre o parentesco e as epistemologias de inteligibilidade cultural dominantes, e entre estes e a possibilidade de transformação social. E essa

A REIVINDICAÇÃO DE ANTÍGONA

questão, que parece tão difícil de levantar no que diz respeito ao parentesco, é rapidamente suprimida por quem tenta fazer com que as versões normativas de parentesco sejam essenciais para o funcionamento da cultura e a lógica das coisas, uma questão muitas vezes eliminada por quem, por meio do terror, desfruta da autoridade final dos tabus que estabilizam a estrutura social como verdade atemporal, sem jamais se perguntar: o que aconteceu com os herdeiros de Édipo?

Capítulo 2
Leis não escritas,
transmissões aberrantes

No primeiro capítulo, examinei o ato de Antígona, qual reivindicação o ato do enterro propõe, e qual ato a reivindicação da rebeldia performa. Seu ato a leva à sua morte, mas a relação entre o ato e seu desfecho fatal não é propriamente causal. Antígona age e desafia a lei, ciente de que a sua punição será a morte, mas o que impulsiona sua ação? E o que impulsiona sua ação em direção à morte? Seria mais fácil se pudéssemos dizer que Creonte a matou, porém Creonte apenas a exila para uma morte em vida, e é dentro dessa tumba que ela tira a própria vida. Talvez seja possível dizer que ela é autora da própria morte, mas qual legado de atos se constitui pelo instrumento de sua agência? A sua fatalidade é uma necessidade? E, se não, sob quais condições não necessárias sua fatalidade acabaria parecendo uma necessidade?

Antígona tenta falar dentro da esfera política com a linguagem da soberania, que é o instrumento do poder político.

Creonte torna pública sua proclamação e pede aos seus guardas que se certifiquem de que todos estejam cientes de suas palavras. "É só nesse alicerce que arboresce" (191), diz ele, mas sua enunciação não é suficiente. Ele tem de pedir aos guardas que transmitam a sua proclamação, e um deles se mostra relutante: "Essa missão condiz com gente jovem" (216).

Quando tem início a tragédia, damo-nos conta de que Ismene não ouviu a proclamação reportada por Antígona: "O general promulga/ um decreto à cidade toda" (6-7), assim, evidencia-se que o poder do ato de fala soberano de Creonte depende de sua recepção e transmissão por seus subordinados; ele pode cair em ouvidos surdos e resistentes e, com isso, não gerar vínculo com aqueles a quem se dirige. No entanto, fica claro que Creonte *quer* que toda a pólis esteja ciente de suas palavras e as respeite. Da mesma forma, Antígona não renuncia à possibilidade de que se conheça sua rebeldia. Quando Ismene a aconselha no início da tragédia: "Não comentes teu plano com ninguém" (84), Antígona responde, "Ao contrário! Abomino se calares/ o bico, se não falas tudo a todos" (86-87). Dessa forma, Antígona deseja, como Creonte, que seu ato de fala se torne radical e amplamente público, tão público quanto o próprio decreto.

Ainda que seu ato de rebeldia seja ouvido, o preço de sua fala é a morte. Sua linguagem não é a de uma agência política pela sobrevivência. Suas palavras, entendidas como feitos, estão quiasmaticamente relacionadas ao vernáculo do poder soberano, falando nele e contra ele, lançando mão de imperativos e simul-

LEIS NÃO ESCRITAS, TRANSMISSÕES ABERRANTES

taneamente os desafiando, habitando a linguagem da soberania no mesmo momento em que se opõe ao poder soberano e é excluída de seus limites. Isso sugere que Antígona não pode fazer a sua reivindicação fora da linguagem do Estado, mas a reivindicação que quer fazer tampouco pode ser plenamente assimilada pelo Estado.[1]

No entanto, ainda que suas ações não aspirem à sobrevivência política, estas se situam, de forma não menos problemática, na esfera do parentesco. Talvez perturbadas pela própria deformação do parentesco que Antígona realiza e prediz, aquelas pessoas que criticam a tragédia têm respondido com uma idealização do parentesco que nega o desafio feito a este. Duas formas de idealização do parentesco devem ser consideradas aqui: Antígona supostamente sustenta uma delas ao representar seus termos, e sustenta a outra por constituir seu limite. A primeira é a de Hegel, que identificou Antígona como representante das leis do parentesco, dos deuses domésticos, uma representação que gera duas estranhas consequências: uma, segundo Hegel, é a insistência de Antígona em representar essas leis, exatamente o que configura crime em outra ordem jurídica, mais pública; outra, de que ela, que representa o domínio feminino da esfera doméstica, não pode ser nomeada no texto hegeliano, ou seja, a própria representação que Antígona encarna exigiria um apagamento de seu nome no texto da *Fenomenologia do espírito*. A segunda consequência desta idealização do parentesco é a de Lacan, que coloca Antígona no limiar do simbólico, entendido como registro linguístico no qual as relações de parentesco são estabelecidas e mantidas. Lacan vê a morte de Antígona como precipitada justamente pela insustentabilidade simbólica do seu desejo. Ainda que eu me distancie dessas duas influentes leituras, também busco reelaborar determinados aspectos de ambas as posições na análise que proponho diante das seguintes questões: será que a morte de Antígona supõe uma lição necessária sobre os limites da inteligibilidade cultural, os limites do parentesco inteligível, lição esta que poderia nos devolver ao nosso sentido apropriado do limite e da restrição? Será que sua morte sinaliza a superação do parentesco pelo Estado, a subordinação necessária do primeiro ao segundo? Ou será que sua morte é precisamente um limite que precisa ser lido como aquela operação do poder político que determina quais formas de relação de parentesco serão inteligíveis, que tipos de vida poderão ser aceitas como vivas?

Em Hegel, a esfera do parentesco é rigorosamente dissociada da esfera do Estado, embora seja um requisito fundamental para o surgimento e a reprodução do aparato estatal. Em Lacan, o parentesco, como uma função do simbólico, torna-se rigorosamente dissociado da esfera do social, ainda que constitua o campo estrutural de inteligibilidade dentro do qual surge o social. A minha leitura de Antígona, em suma, tentará levar essas distinções a uma crise produtiva. Antígona não representa nem o parentesco, nem o que lhe é radicalmente externo, mas se torna uma oportunidade para que se faça uma leitura de uma noção estruturalmente limitada de parentesco do ponto de vista de sua repetibilidade social, da temporalidade aberrante da norma.

LEIS NÃO ESCRITAS, TRANSMISSÕES ABERRANTES

Repensar as posições de parentesco como "simbólicas" é assumi-las como precondições da comunicabilidade linguística, bem como sugerir que tais "posições" carregam uma intratabilidade que não se aplica a normas sociais contingentes. Não basta, entretanto, traçar os efeitos das normas sociais nas reflexões sobre parentesco, uma operação que devolveria o discurso sobre o parentesco a um sociologismo desprovido de significado psíquico. As normas não atuam unilateralmente sobre a psique; em vez disso, elas se condensam na figura da lei à qual a psique retorna. A relação psíquica com as normas sociais pode, sob certas condições, postular tais normas como intratáveis, punitivas e eternas, mas essa figuração das normas já tem lugar no que Freud chamou de "cultura da pulsão de morte". Em outras palavras, a própria descrição do simbólico como uma lei intratável ocorre dentro de uma fantasia da lei como uma autoridade impossível de superar. Lacan, na minha opinião, ao mesmo tempo que analisa essa fantasia, também faz dela um sintoma. Espero sugerir aqui que a ideia do simbólico é limitada pela descrição de sua própria função de transcendência, e que ela apenas pode reconhecer a contingência de sua própria estrutura negando a possibilidade de qualquer alteração substancial em seu campo de operação. Quero sugerir que a relação entre posição simbólica e norma social precisa ser repensada e, em meu capítulo final, espero mostrar como seria possível uma nova abordagem do tabu do incesto — função fundadora do parentesco no âmbito da psicanálise — por meio de uma concepção de norma social contingente em ação. Aqui não estou tão interessada nas res-

A REIVINDICAÇÃO DE ANTÍGONA

trições impostas pelo tabu quanto nas formas de parentesco que ele gera, bem como no modo em que sua legitimidade é estabelecida precisamente por soluções normalizadas para a crise edipiana. Não se trata, portanto, de libertar o incesto de suas limitações, mas de perguntar que formas de parentesco normativo derivariam desse tabu como necessidades estruturais. Antígona se situa apenas parcialmente fora da lei. Isto pode nos levar a concluir que nem a lei do parentesco nem a lei do Estado são eficazes para regular indivíduos submetidos a essas leis. Entretanto, se o desvio de Antígona é usado para ilustrar a inexorabilidade da lei e sua oposição, então sua oposição opera a serviço da lei, sustentando seu caráter inevitável.

A fim de determinar onde Antígona se encontra, como ela age e em nome do quê, proponho considerar dois exemplos em que se entende que ela ocupa uma posição anterior ao Estado e ao parentesco. O primeiro conjunto de exemplos pode ser encontrado na discussão de Hegel na *Fenomenologia do espírito* e na *Filosofia do direito*. O segundo, a ser considerado no próximo capítulo, é o sétimo seminário de Jacques Lacan, dedicado ao tema da "Ética da psicanálise".

Hegel aborda o estatuto de Antígona no capítulo da *Fenomenologia* intitulado "O Espírito Verdadeiro. A Eticidade", na subseção "A ação ética. O saber humano e o divino, a culpa e o destino" [*Die Sittliche Handlung: Das Menschliche und Göttliche Wissen, die Schuld und das Schicksal*].[2*] Na verdade,

---

* O título do capítulo e o da seção do referido texto de Hegel acompanham a edição brasileira de *Fenomenologia do espírito* na tradução de Paulo Meneses (Petrópolis: Vozes, 2013). [*N. da E.*]

LEIS NÃO ESCRITAS, TRANSMISSÕES ABERRANTES

não se nomeia Antígona em grande parte dessa seção, sendo ela meramente prefigurada ao longo de quase toda a discussão. Hegel questiona o lugar ocupado pela culpa e pelo crime na vida ética universal, insistindo que, nessa esfera, quando se age criminalmente, não se age como indivíduo, pois nos tornamos indivíduos somente na condição de pertencer a uma comunidade. A vida ética é precisamente uma vida estruturada pela *Sittlichkeit* [eticidade], na qual as normas de inteligibilidade social são histórica e socialmente produzidas.[3] O eu que age, e age contra a lei, "é apenas a sombra irreal", já que "ele [sic] existe somente como um eu universal" (p. 282). Em outras palavras, qualquer um que cometa tal ato será culpado: o indivíduo, através do crime, perde sua individualidade e se torna esse "qualquer um". Depois, sem qualquer aviso, Hegel parece apresentar Antígona sem nomeá-la: ele observa que quem comete um crime de acordo com os critérios universais predominantes do *Sittlichkeit* [eticidade] se encontra na posição de quebrar a lei humana ao seguir a lei divina e de quebrar a lei divina ao seguir a lei humana: "O ato apenas fez valer uma lei em oposição a outra" (p. 283). Assim, aquele que age de acordo com a lei, ali onde a lei é sempre humana *ou* divina, mas *nunca as duas*, permanece cego para a lei a que desobedeceu naquele instante. Isso leva Hegel à figura de Édipo pelo seguinte caminho: "A realidade, portanto, mantém oculto em si o outro aspecto que é estranho a esse conhecimento [a determinação que sabe o que faz] e não revela à consciência toda a verdade sobre si mesma [*Die Wirklichkeit hält daher die andere dem Wissen fremde Seite in*

A REIVINDICAÇÃO DE ANTÍGONA

sich verborgen, und zeigt sich dem Bewusstsein nicht, wie sie an und für sich ist]: o filho não reconhece seu pai no homem que o ultrajou e a quem mata, nem reconhece sua mãe na rainha que tomou como esposa" (p. 283, p. 347).

Desse modo, Hegel explica que a culpa é explicitamente experimentada na execução do ato, na experiência de "irrupção" de uma lei que *abre uma passagem* em outra e a *atravessa*, "surpreend[endo] a quem o comete em flagrante [*Dem sittlichen Selbstbewusstsein stellt auf diese Weise eine lichtscheue Macht nach, welche erst,* wenn die tat geschehen, hervorbricht und es bei ihr ergreift]" (p. 283, p. 347, ênfase minha). Ainda fazendo referência a Édipo, Hegel escreve: "Aquele que agiu não pode negar o crime ou sua própria culpa: a significação do ato consiste em colocar em movimento aquilo que antes estava parado" e, em suas palavras, no fato de que "o inconsciente" foi "conectado ao consciente [*und hiermit das Unbewusste dem Bewussten, das Nichtseiende dem Sein zu verknüpfen*]" (p. 283, p. 347, tradução minha). Isso leva Hegel a falar de um "direito" que é tacitamente afirmado na execução de um crime, um direito ainda não conhecido, exceto na consciência da culpa e em virtude dessa consciência.

Hegel enfatiza a conexão entre culpa e direito, uma reivindicação de um direito que está implícita na culpa, um direito, um acesso a um direito que é necessária e simultaneamente a revogação de outra lei. Nesse ponto ele parece se referir a Édipo, que comete seus crimes sem saber e retrospectivamente se vê invadido pela culpa. Antígona não parece se sentir culpada, ainda que afirme seu direito, mesmo reconhecendo que Creonte

LEIS NÃO ESCRITAS, TRANSMISSÕES ABERRANTES

só pode considerar a "lei" que justifica seu ato como sinal de criminalidade. Para Hegel, o inconsciente, ou o que ele descreve como "não existente", surge da reivindicação do direito, no ato que se fundamenta em uma lei que não conta como tal na esfera da lei. Não há justificativa para a reivindicação de Antígona. Ela invoca uma lei que tem apenas uma instância possível de aplicação e, de acordo com o senso comum, não é conceituável como lei. O que é essa lei além da lei, além da conceituação, capaz de fazer com que o ato de Antígona e sua defesa verbal pareçam nada mais que uma violação da lei, uma lei identificada como violação da lei? Seria esse um tipo de lei que oferece fundamentos para a violação de outro tipo de lei, e seriam esses fundamentos enumeráveis, conceituáveis e transponíveis de um contexto para outro? Ou, então, seria essa uma lei que desafia a conceituação e se apresenta como um escândalo epistêmico dentro da esfera da lei, uma lei intraduzível, que marca o próprio limite da conceituação legal, constituinte de uma violação de uma lei implementada, por assim dizer, por uma legalidade que permanece incontida por toda e qualquer lei positiva e generalizável? Essa é uma legalidade do que não existe e é inconsciente, não uma lei do inconsciente, mas uma forma de reivindicação que o inconsciente necessariamente impõe à lei, aquela cuja marca é o limite e a condição de generalidade da lei.[4]

Hegel assinala esse momento, quase se afunda nele, mas rapidamente refreia suas consequências escandalosas. Ele distingue Édipo de Antígona, determinando que o crime dele é perdoável, ao contrário do dela. Ele o faz justamente privando a ação de

A REIVINDICAÇÃO DE ANTÍGONA

Antígona de qualquer motivação inconsciente, identificando-a com um ato plenamente consciente: "A consciência ética é mais completa, sua culpa mais indesculpável, quando se conhece *antecipadamente* a lei e o poder aos quais ela se opõe, se os toma como violência e injustiça, como éticos apenas por acidente, e, como Antígona, comete-se o crime conscientemente [*wissentlich... das Verbrechen begeht*]." Como se estivesse assumindo o ponto de vista de Creonte, que não consegue fazer com que Antígona confesse plenamente seus atos, Hegel conclui essa análise afirmando que "a consciência ética deve, em virtude dessa realidade e do seu agir, reconhecer seu oposto como sua própria realidade, [e] deve reconhecer sua culpa" (p. 284, p. 348). O contrário de sua ação é a lei que Antígona desafia e Hegel pede que ela reconheça a legitimidade dessa lei.

Antígona, é claro, reconhece seu ato, mas a forma verbal do seu reconhecimento apenas exacerba o crime. Ela não apenas o fez, como teve ainda a audácia de *dizer* que o fez. Antígona, assim, não pode exemplificar a consciência ética que sofre a culpa; ela está para além da culpa — ela abraça seu crime como abraça sua morte, sua tumba, seu leito nupcial. Nesse momento do texto, Hegel cita a própria Antígona, como se as palavras dela validassem sua tese: "*weil wir leiden, anerkennen wir, dass wir gefehlt*",[5] traduzido por Miller como "porque sofremos, reconhecemos ter errado" (p. 284, p. 348). Tenhamos em conta, porém, o aspecto introduzido pelo seguinte comentário da tradução de Grene: "Se esse modo de proceder é bom aos olhos dos deuses/ Conhecerei meu pecado, uma vez que sofri

LEIS NÃO ESCRITAS, TRANSMISSÕES ABERRANTES

[*If this proceeding is good in the gods' eyes/ I shall know my sin, once I have suffered*]" (982-983).[6]* Além disso, observemos a extraordinária suspensão da questão da culpa, assim como a crítica implícita a Hegel, introduzida pela tradução mais confiável, proposta por Lloyd-Jones: "Bem, se isso recebe a aprovação dos deuses, eu deveria perdoá-los [*syggignosko*] pelo que sofri, já que cometi um erro; mas, se são eles os malfeitores, que não sofram males piores do que aqueles que injustamente estão me infligindo! [*Well, if this is approved among the gods, I should forgive* (syggignosko) *them for what I have suffered, since I have done wrong; but if they are the wrongdoers, may they not suffer worse evils than those they are unjustly inflicting upon me!*]".**

Aqui Antígona parece conhecer e expressar a sabedoria que ela não pode confessar plenamente, já que não admitirá sua culpa. Parece ser essa a primeira razão proposta por Hegel para justificar que Antígona não seja admitida no domínio da lei ética.[7] Antígona não nega ter cometido o ato, mas isso, para Hegel, não se qualifica como uma admissão de culpa. Na verdade, admitir a culpa, como Hegel e Creonte queriam que Antígona tivesse feito, seria um exercício do discurso público justamente do modo que não é permitido a ela. Cabe perguntar se as mulheres poderiam chegar a sentir culpa no sentido hegeliano, já que o indivíduo, ciente da própria culpa e tomado pelo arrependimento, é necessariamente mediado pela esfera do Estado. Na realidade, praticar esse discurso, exatamente como

---

* Tradução livre do inglês. [*N. da E.*]
** Tradução livre do inglês. [*N. da E.*]

A REIVINDICAÇÃO DE ANTÍGONA

Antígona faz, é cometer um tipo diferente de delito, no qual um sujeito pré-político reivindica uma agência raivosa na esfera pública. A esfera pública, como a chamo aqui, é chamada por Hegel, de maneira variável, de comunidade, governo e Estado; ela adquire existência apenas ao *interferir* na felicidade da família, e assim gerar para si mesma "um inimigo interno — a feminilidade, de modo geral. A feminilidade — a eterna ironia [na vida] da comunidade" (p. 288, p. 352).

A introdução da feminilidade parece se basear claramente na referência anterior a Antígona, mas é curioso notar que ela toma o lugar de tal referência, de forma semelhante a como Hegel altera a linguagem de Antígona para fazê-la corresponder ao formato ético que interessa a ele. A princípio, parece que as afirmações de Hegel sobre Antígona podem ser aplicáveis à *"Weiblichkeit"* em questão:

> Por meio de suas intrigas, a feminilidade… transforma o fim universal do governo em um fim privado, faz de sua atividade universal [*allgemeine Tätigkeit*] uma obra de algum indivíduo em particular, e perverte a propriedade universal [*verkehrt das allgemeine Eigentum*] do Estado, tornando-a uma propriedade e um ornamento da Família [*zu einem Besitz und Putz der Familie*] (p. 288, p. 353).

Essa súbita transição para o tema da feminilidade remete a Antígona, mas também faz uma clara generalização ao tomar o seu

LEIS NÃO ESCRITAS, TRANSMISSÕES ABERRANTES

caso de uma forma que apaga o seu nome e sua particularidade. Essa "feminilidade" perverte o universal, transformando o Estado em propriedade e ornamentos da família, decorando a família com a parafernália do Estado, produzindo bandeiras e véus a partir do aparelho do Estado. Essa perversão da universalidade não tem implicações políticas. Na verdade, a "feminilidade" não age politicamente, mas constitui uma perversão e uma privatização da esfera política, uma esfera governada pela universalidade.

Ainda que Hegel tivesse sugerido anteriormente que a perversão da universalidade encontrada em Antígona, apesar de seu aparente caráter de criminalidade, poderia na verdade ser a irrupção de uma legalidade derivada de outra ordem, que apareceria como criminalidade somente do ponto de vista da universalidade, ele não observa tal irrupção inconsciente do direito na perversão da universalidade que, em geral, as mulheres performam. Pelo contrário, no exato momento do texto de Hegel em que Antígona se torna *generalizada* como feminina ou como feminilidade, a perversão em questão perde seu lugar escandaloso no campo político, desvalorizando o político como propriedade privada e ornamento. Em outras palavras, ao substituir Antígona por "feminilidade", Hegel produz a própria generalização a que Antígona resiste, uma generalização segundo a qual Antígona só pode ser considerada criminosa, e isso, consequentemente, faz com que ela seja apagada do texto de Hegel.

A figura feminina que toma o lugar de Antígona e traz os traços residuais de seu crime ridiculariza o universal, transpõe

A REIVINDICAÇÃO DE ANTÍGONA

o seu funcionamento e desvaloriza seu significado por meio da supervalorização da juventude masculina, fazendo lembrar, desse modo, o amor de Antígona por Polinices.[8] Esse amor, entretanto, não pode permanecer na esfera do parentesco e deve levar, em vez disso, a seu próprio sacrifício, um sacrifício do filho entregue ao Estado com o propósito de travar guerra. Não é o tabu do incesto que interrompe o amor mútuo entre os membros da família, mas sim a ação do Estado envolvido com a guerra. A tentativa de perverter por meios femininos a universalidade que o Estado representa é assim anulada por um contramovimento do Estado, movimento este que não apenas interfere na felicidade da família, mas também alista a família no serviço de sua própria militarização. O Estado recebe o seu exército da família, e a família encontra sua própria dissolução no Estado.

Enquanto estivermos falando de uma mãe que sacrifica seu filho pela guerra, já não estamos mais falando de Antígona; pois Antígona não é mãe e não tem filhos. Como alguém que parece priorizar a família, ela é culpada de um crime contra o Estado e, mais particularmente, de um individualismo criminoso. Agindo, assim, em nome do Estado, o texto de Hegel suprime Antígona e traz uma base lógica para essa supressão: "A comunidade [...] só pode se preservar por meio da supressão desse espírito de individualismo."[9]

A partir dessa análise da hostilidade em relação ao indivíduo e à feminilidade como representante da individualidade, Hegel passa a abordar a guerra, isto é, uma forma de hosti-

LEIS NÃO ESCRITAS, TRANSMISSÕES ABERRANTES

lidade necessária para a autodefinição da comunidade.[10] A mulher anteriormente descrita como alguém que encontrava uma promessa de prazer e dignidade no homem jovem agora descobre que esse jovem vai para a guerra e que ela se encontra na obrigação, diante do Estado, de enviá-lo. A necessária agressão da comunidade contra a feminilidade (seu inimigo interno) parece ser transmutada em uma agressão da comunidade a seu inimigo externo; o Estado intervém na família para travar a guerra. O valor do homem jovem que vai à guerra é abertamente reconhecido, e, dessa forma, a comunidade passa a amá-lo, assim como a mãe o amara. A comunidade assume esse investimento na medida em que aplaude os filhos que foram à guerra, um investimento entendido como uma forma de preservar e consolidar o Estado. Se antes Antígona "pervertia" a propriedade universal do Estado ao torná-la "bem e propriedade da família", o Estado agora reivindica o amor do homem jovem, restabelecendo-se como fonte de toda valorização e reconhecimento. O Estado agora passa a ocupar o lugar da feminilidade e a figura da mulher é simultaneamente absorvida e descartada, considerada uma presunção necessária ao Estado e, ao mesmo tempo, repudiada como parte do seu campo próprio de atuação. Assim, o texto de Hegel transmuta Antígona de tal forma que sua criminalidade perde a força da legalidade alternativa de que é portadora; depois disso, ela é novamente traduzida em uma feminilidade maternal que ela nunca vem a ser. Finalmente, essa figura duplamente deslocada é repudiada por um aparelho estatal que absorve e rejeita

A REIVINDICAÇÃO DE ANTÍGONA

seu desejo. Quem quer que ela seja, ela é flagrantemente deixada de lado em nome da guerra, deixada de lado em nome da homossocialidade do desejo do Estado. De fato, essa é a última vez em que seu nome aparece no texto, um nome que representava o conflito de uma lei por e através de outra lei e que agora, apagado, é posto de lado em vez de resolvido. A universalidade da ordem ética não a contém; contém apenas o traço de seu amor duplamente expropriado.

Hegel retorna a Antígona na *Filosofia do direito*, cujo texto deixa claro que ela está associada a um conjunto de leis que, por fim, não são compatíveis com a lei pública.[11] "Essa lei", escreve ele, "se mostra em antítese ao direito público, à lei da terra".[12] Hegel escreve também: "Se considerarmos a vida ética de um ponto de vista objetivo, podemos dizer que não temos consciência ética de nós mesmos" (p. 259). Aqui Antígona é investida por um inconsciente, quando, na seguinte passagem, ela afirma a irrecuperabilidade das origens da lei: "Quem nos assegura/ sua origem?" são os versos (456-457) citados por Hegel. Na tradução de Lloyd-Jones, o verso é ampliado para enfatizar a animação vital da lei; Antígona diz a Creonte: "Eu tampouco supunha que teus decretos, visto que mortais, teriam força suficiente para superar as leis não escritas, perenes, dos deuses. Pois estas têm vida, não são de ontem nem de hoje, mas eternas, e nem se sabe há quanto tempo foram reveladas [*Nor did I think your proclamations strong enough to have power to overrule, mortal as they were, the unwritten and unfailing ordinances of the gods. For these have life, not simply today and*

LEIS NÃO ESCRITAS, TRANSMISSÕES ABERRANTES

yesterday, but forever, and no one knows how long ago they were revealed]" (450-456).*

Hegel identificou claramente a lei defendida por Antígona como a lei não escrita dos deuses antigos, aquela que aparece apenas por meio de um traço ativo. Que tipo de lei seria essa, afinal? Uma lei cuja origem não é possível rastrear, uma lei cujo traço não pode assumir forma alguma, cuja autoridade não é comunicável diretamente por meio da linguagem escrita. Se pudesse ser comunicada, tal lei teria que emergir pela fala, mas uma fala que não poderia ser dita a partir de um texto escrito e que, assim, certamente não seria o discurso de uma peça de teatro, a menos que a obra reivindique uma legalidade que, por assim dizer, preceda a sua própria cena de enunciação, a menos que a peça cometa um crime contra essa legalidade justamente por enunciá-la. Daí que a figura dessa outra lei lança dúvidas sobre a literalidade da peça *Antígona*: nenhuma palavra dessa peça nos dará essa lei, nenhuma palavra dessa peça recitará as restrições que essa lei impõe. De que maneira, então, ela poderá ser discernida?

Dizem-nos que essa lei se opõe à lei pública; como inconsciente da lei pública, ela é aquela da qual a lei pública não pode prescindir; à qual, de fato, deve se opor; e em relação à qual deve preservar uma certa hostilidade necessária. Daí Hegel citar as palavras de Antígona, em uma citação que tanto a contém quanto a expulsa, na qual ela se refere ao estatuto não escrito e

---

* Tradução livre do inglês. [*N. da E.*]

A REIVINDICAÇÃO DE ANTÍGONA

perene dessas leis. Ela faz referência a leis que são, estritamente falando, prévias à escrita, ainda não registradas ou registráveis no nível da escrita. Elas não são plenamente conhecíveis, mas o Estado as conhece o suficiente para se opor violentamente a elas. Ainda que essas leis não estejam escritas, Antígona fala em seu nome, e, desse modo, elas surgem apenas sob a forma de catacrese, que serve de condição anterior e limite para sua codificação escrita. Elas não são radicalmente autônomas, pois já são consideradas pela lei pública escrita como leis a serem contidas, subordinadas e confrontadas. E, no entanto, seria quase impossível fazê-lo, mesmo que pela referência catacrética à lei não escrita e não escrevível em forma de discurso dramático. De fato, no próprio texto escrito de Sófocles há alusão a essa condição não codificável e excessiva da lei pública. A lei pública, entretanto, na medida em que contrasta com a condição não pública e não publicável de seu próprio surgimento, reproduz justamente o excesso que tenta conter.

É o ato de Antígona que chama a atenção de Hegel, e não seu discurso, talvez porque esse discurso seria impossível se ela tivesse que representar a lei irrepresentável. Se o que ela representa é precisamente o que permanece de forma inconsciente dentro do domínio da lei pública, então para Hegel ela existe no limite do que é publicamente conhecível e codificável. Ainda que isso seja às vezes acentuado por Hegel justamente como *outra* lei, é também reconhecido como uma lei que deixa apenas um traço incomunicável, um enigma de outra ordem possível. Se Antígona "é" algo, ela é o inconsciente da lei, aquilo que é pressuposto pela realidade pública, mas que não pode aparecer em seus termos.

Hegel não só aceita o desaparecimento fatal de Antígona da cena pública, como também contribui para conduzi-la em sua saída da cena e para a tumba que a receberá viva. Ele não explica, por exemplo, como ela *de fato* aparece, por meio de que apropriação indevida do discurso público o seu ato se torna reconhecido como um ato público. Teria a lei não escrita o poder de reescrever a lei pública? Será que aquilo que ainda não foi escrito, ou aquilo que nunca será escrito, constitui uma incomensurabilidade invariável entre as duas esferas?

Assim como aquilo que parece um crime da perspectiva soberana de Creonte e, de fato, da perspectiva universal de Hegel, pode conter em si uma demanda inconsciente, marcando os limites de ambas as autoridades, a soberana e a universal, cabe relermos a "fatalidade" de Antígona questionando se o limite que ela representa — um limite para o qual nenhuma posição ou representação traduzível é possível — não seria justamente o traço de uma legalidade alternativa que assombra o que há de consciente na esfera pública, como seu futuro escandaloso.

Seria de esperar que em Lacan encontrássemos uma abordagem mais matizada e promissora do inconsciente; mas quero sugerir que a sua leitura também situa a fatalidade de Antígona dentro dos limites necessários do parentesco. A lei que ordena a sua impossibilidade de viver não é uma lei que pode ser violada de maneira vantajosa. E, se Hegel chega ao ponto de representar a lei do Estado, Lacan lança mão da aparente perversão de Antígona para confirmar uma lei do parentesco de caráter intratável.

Lacan se distancia radicalmente de Hegel, confrontando a oposição entre lei humana e divina, de modo a se concentrar no conflito interno de um desejo que só pode encontrar limite na morte. Antígona, diz ele, encontra-se "no limiar" do simbólico, mas o que devemos entender por limiar? Não se trata de uma transição superada e retida pelo avanço do Espírito. Sendo ao mesmo tempo o exterior, a entrada, o limite sem o qual o simbólico não pode ser pensado, o limiar permanece, no entanto, impensável dentro do simbólico. Antígona aparece como uma figura que inaugura o funcionamento do simbólico, colocando-se em seu limiar. Mas onde exatamente fica esse limiar, essa entrada? As leis não escritas e perenes a que Antígona se refere, e que Hegel identifica como a lei do feminino, *não* são as mesmas leis do domínio simbólico, e o simbólico não corresponde exatamente à lei pública. Seriam essas leis, de origem obscura e autoridade duvidosa, análogas à ordem simbólica, um simbólico ou imaginário alternativo no sentido dado por Irigaray, uma ordem tal que constitui o inconsciente da lei pública, a condição feminina não consciente de sua própria possibilidade?

Antes de tratar da resposta de Lacan para essa pergunta, gostaria de reconsiderar por um momento a sua versão da ordem simbólica e talvez propor uma série de revisões ao breve relato que apresentei no capítulo anterior.

Em seu segundo seminário, Lacan propõe, sob o título "O universo simbólico", uma conversa com Jean Hyppolite e Octave Mannoni sobre a obra de Lévi-Strauss, com foco na distinção entre natureza e símbolo. Lacan esclarece a relevância do simbólico na obra de Lévi-Strauss e, assim, reconhece sua própria dívida para com este quanto à teorização da ordem simbólica. A conversa começa com Lacan resumindo o ponto de vista de Lévi-Strauss: o parentesco e a família não podem derivar de causas naturais, e nem mesmo o tabu do incesto é biologicamente motivado.[13] Ele se pergunta, então, de onde surgem as estruturas elementares do parentesco. No final de *As estruturas elementares do parentesco*, a troca de mulheres é considerada como o tráfico de um signo, a moeda linguística que facilita um laço simbólico e comunicativo entre os homens. A troca de mulheres é comparada à troca de palavras e esse circuito linguístico particular passa a fundamentar uma reconsideração do parentesco com base nas estruturas linguísticas, cuja totalidade é chamada de simbólico. No âmbito dessa leitura estruturalista do simbólico, cada signo invoca a totalidade da ordem simbólica dentro da qual funciona. O parentesco não é mais pensado em termos de relações de sangue ou arranjos sociais naturalizados, mas se torna efeito de um conjunto de relações linguísticas em que cada termo tem significado apenas e sempre em função de outros termos.

Considerando este um momento importante, Lacan enfatiza que o parentesco aparece não mais como função de uma biologia naturalista: "Na ordem humana, estamos tratando do surgimento completo de uma nova função que engloba toda a ordem em sua inteireza" [*à l'émergence totale englobant tout l'ordre*

A REIVINDICAÇÃO DE ANTÍGONA

humain dans sa totalité — d'une fonction nouvelle] (p. 29, p. 42). Ainda que a teorização lévi-straussiana do simbólico seja nova, a função simbólica sempre esteve presente, ou melhor, tem um efeito tal que se estabeleceu como *sub specie aeternitatis*. Lacan de fato escreve sobre o simbólico de maneiras que sugerem uma convergência com a lei não escrita de Antígona, cujas origens são similarmente não humanas e indiscerníveis: "A função simbólica não é nova como função, seus começos se encontram em outro lugar [*amorces ailleurs*], não pertencentes à ordem humana, mas são apenas começos [*il ne s'agit que d'amorces*]. A ordem humana é caracterizada pelo fato de que a função simbólica intervém em todos os momentos e em todos os graus [*les degrés*] de sua existência" (p. 29, p. 42).

Assim como as leis não escritas de Antígona — aquelas que, segundo Hegel, aparecem como divinas e subjetivas, governando a estrutura feminina da família —, essas leis não são codificáveis, mas são entendidas fundamentalmente como "ligadas a um processo circular da troca discursiva". "Existe", escreve Lacan mais adiante, no mesmo seminário, "um circuito simbólico externo ao sujeito, ligado a um certo grupo de suportes, de agentes humanos, no qual o sujeito, o pequeno círculo que se chama seu destino, encontra-se incluído de forma indeterminada" (p. 98).[14] Esses signos viajam em seu próprio circuito, são enunciados por sujeitos, mas não são originados pelos sujeitos que os enunciam. Eles chegam, por assim dizer, como o "discurso do outro [que] é o discurso do circuito ao qual estou integrado" (p. 89). Acerca do simbólico, Lacan nos diz o seguinte no ensaio "O circuito": "Sou um de seus elos [*un des chaînons*]. É o discurso do meu pai, por exemplo, na medida em que meu pai cometeu faltas as quais estou absolutamente condenado a reproduzir — é o que se denomina *superego*" (p. 89, p. 112).

O circuito do simbólico é assim identificado com a palavra do pai que ressoa no sujeito, dividindo a sua temporalidade entre outro lugar irrecuperável e o momento de sua enunciação presente. Lacan compreende essa herança simbólica como uma demanda e uma obrigação: "Estou justamente encarregado de transmiti-la em sua forma aberrante para qualquer outra pessoa." [*Je suis justement chargé de la transmettre dans sa forme aberrante à quelqu'un d'autre*]" (p. 89, p. 112).

Significativamente, o sujeito não é identificável com o simbólico, já que o circuito simbólico é sempre, em certa medida, externo ao sujeito. No entanto, não há como fugir do simbólico. Isso faz com que Hyppolite confronte Lacan diretamente: "Se entendi corretamente, a função simbólica para você é uma função transcendental [*une fonction de transcendance*], no sentido de que, ao mesmo tempo, não podemos nem permanecer nela, nem sair dela. A que propósito ela serve? Não podemos prescindir dela, mas tampouco podemos habitá-la" (p. 38, p. 51). A resposta de Lacan consiste em reiterar o que ele já dissera, mostrando assim a função repetitiva da lei: "Se a função simbólica funciona, estamos dentro dela. E digo mais — estamos tão dentro que dela não podemos sair [*Je dirai plus — nous sommes tellement à l'intérieur que nous ne pouvons en sortir*]" (p. 31, p. 43).

No entanto, não seria correto dizer que estamos plenamente "dentro" ou "fora" dessa lei simbólica: para Lacan, "a ordem simbólica é o que há de mais elevado no homem e o que não está no homem, mas em outro lugar" (p. 116). Como um outro lugar permanente que está "no" homem, o simbólico descentra o sujeito que ele próprio engendra. Mas qual seria o estatuto desse outro lugar? Como um outro lugar em relação à ordem humana, o simbólico não é, portanto, precisamente divino. Mas permita-nos considerar que esta última recusa é informada pelo próprio medo de Lévi-Strauss, mencionado por Lacan, de que ele possa estar conduzindo Deus a sair por uma porta, apenas para fazê-lo voltar a entrar por outra. Lacan, por outro lado, enfatiza que o simbólico é tanto universal quanto contingente, reforçando uma aparência de universalidade, mas sem ter um comando exterior a si mesmo que possa servir como um fundamento transcendental para o seu próprio funcionamento. A sua função é de transcendentalizar as suas reivindicações, mas isso não é o mesmo que dizer que ele tenha ou mantenha uma base transcendental. O efeito de transcendentalidade vem da própria reivindicação.

Diz Lacan: "Essa ordem constitui uma totalidade [...] a ordem simbólica assume desde o princípio o seu caráter universal." E em uma passagem posterior: "Assim que o símbolo aparece, há um universo de símbolos" (p. 29). Não se trata de

LEIS NÃO ESCRITAS, TRANSMISSÕES ABERRANTES

dizer que o simbólico é universal no sentido de ser universalmente válido o tempo todo, mas apenas que, sempre que ele aparece, apresenta-se como uma função universalizante; ele se refere a uma cadeia de signos por meio da qual deriva o seu próprio poder significante. Lacan assinala que agências simbólicas atravessam as diferenças entre as sociedades como a estrutura de um inconsciente radicalmente irredutível à vida social.[15] De maneira similar, ele dirá que o complexo de Édipo, uma estrutura do simbólico, é universal e ao mesmo tempo contingente, precisamente "porque é única e puramente simbólico": ele representa o que não pode ser, a rigor, o que foi liberado de estar em seu estatuto como uma substituição linguística para o ontologicamente dado. Ele não captura nem expõe seu objeto. Esse objeto furtivo e ausente, no entanto, só se torna inteligível ao se manifestar, deslocado, dentre as substituições que constituem termos simbólicos. Pode-se entender o simbólico como uma espécie de tumba que não extingue adequadamente aquilo que, contudo, permanece vivo e preso dentro de seus termos, um lugar onde Antígona, já semimorta dentro do inteligível, está destinada a não sobreviver. Nessa leitura, o simbólico, assim, captura Antígona e, ainda que ela tire a própria vida nessa tumba, resta saber se ela pode ou não gerar um significado que de uma forma exceda o alcance do simbólico.

Por mais que a teorização do simbólico proposta por Lacan pretenda tomar o lugar dessas abordagens do parentesco baseadas na natureza ou na teologia, ela continua a lançar mão da força da universalidade. Sua "contingência" descreve a maneira como o simbólico permanece incomensurável para qualquer sujeito que habite seus termos, assim como a falta de qualquer base transcendental final para a sua operação. Aqui, o efeito universalizante de sua própria operação não é de modo algum colocado em questão pela afirmação da contingência. Dessa forma, as estruturas do parentesco, entendidas como simbólicas, continuam a produzir um efeito universalizante. De que modo, sob essas condições, o próprio efeito de universalidade se torna contingente, muito menos comprometido, reescrito e sujeito à transformação?

Se o complexo de Édipo é universal pelo fato de ser simbólico, para Lacan isso *não* significa que o complexo de Édipo necessite de uma demonstração global para que seja considerado universal. O problema não é o simbólico representar um falso universal. Pelo contrário, onde e quando o complexo de Édipo aparece, ele exerce a função de universalização, ou seja, ele *aparece* como aquilo que é verdadeiro em todos os lugares. Nesse sentido, ele não é um universal concretamente realizado ou realizável; seu fracasso em se realizar é justamente o que sustenta seu estatuto de possibilidade universal. Nenhuma exceção pode colocar em questão essa universalidade, uma vez que o simbólico não depende de uma concretização empírica para respaldar sua função universalizante (essa função é radicalmente não fundamentada e, portanto, contingente nesse sentido restrito). Na verdade, sua particularização implicaria a sua ruína.

Mas será que esse entendimento da universalização funciona para colocar Deus (ou os deuses) por outra porta adentro? Se o complexo de Édipo não é universal por um lado, mas continua a sê-lo por outro, no fim das contas tem alguma importância o modo pelo qual ele é universal, se o efeito é o mesmo? Observe-se que o tabu do incesto é "contingente" justamente porque é "sem fundamento"; mas o que resulta dessa falta de fundamento? Não resulta que o próprio tabu possa parecer radicalmente alterável, ou, de fato, eliminável; ao contrário, na medida em que aparece, aparece de forma universal. Assim, essa contingência, essa falta de fundamento que se torna a condição de uma emergência universalizante, é radicalmente distinta de uma contingência que estabelece a variabilidade e o funcionamento cultural limitado de uma regra ou norma desse tipo.

Lacan aborda Antígona no contexto da questão da ética no *Seminário VII*.[16] Ele analisa o problema do bem como uma categoria central à ética e à comodificação. "Como é que, a partir do momento em que tudo se organiza em torno do poder de fazer o bem, algo totalmente enigmático se insinua e retorna a nós ininterruptamente a partir de nossa própria ação como sua consequência desconhecida?" (p. 275, tradução minha). A respeito de Hegel, ele afirma: "não há esfera em que ele me pareça mais fraco do que naquela da poética, e isso é especialmente verdadeiro no que tem ele a dizer sobre *Antígona*" (p. 249). Ele comete um erro na *Fenomenologia* ao afirmar que *Antígona* revela uma "clara oposição [...] entre o discurso da família e o do Estado. Na minha opinião, porém, as coisas são bem menos claras" (p. 236).

A REIVINDICAÇÃO DE ANTÍGONA

Defendendo a leitura de Goethe, Lacan insiste que "Creonte [não] se opõe a Antígona, como um princípio da lei, do discurso, contrário a um outro [...]. Goethe demonstra que Creonte é movido por seu desejo e claramente desvia do caminho correto [...] ele corre sozinho ao encontro da própria ruína [*il court à sa perte*]" (p. 254, p. 297).

De certa forma, a preocupação de Lacan com a tragédia tem a ver justamente com essa pressa em se dirigir à própria ruína, essa pressa fatal que estrutura tanto as ações de Creonte como as de Antígona. Assim, Lacan volta a situar a problemática de *Antígona* como uma dificuldade interna do "desejo de fazer o bem", o desejo de viver de acordo com uma norma ética. Invariavelmente, na própria trajetória do desejo, surge algo que parece enigmático ou misterioso do ponto de vista consciente, orientado para a busca do bem: "Tanto na margem irredutível como no limite do seu próprio bem, o sujeito se revela ao mistério nunca plenamente resolvido da natureza do seu desejo [*le sujet se révèle au mystère irrésolu de ce qu'est son désir*] (p. 237, p. 278). Lacan relaciona Antígona à ideia do belo, sugerindo que este nem sempre é compatível com o desejo do bem, sugerindo que ele nos atrai e fascina graças ao seu aspecto enigmático. Para Lacan, portanto, Antígona emergirá como um problema do belo, da fascinação e da morte, precisamente como aquilo que intervém entre o desejo de fazer o bem e o desejo de se ajustar à norma ética, e que, portanto, o desvia, enigmaticamente, do seu caminho. Não se trata, então, de um conflito entre um discurso ou princípio e outro, entre a família e a comunidade, mas de um conflito interno e constitutivo do funcionamento do desejo e, em particular, do desejo ético.

Lacan se opõe à insistência de Hegel em afirmar que a tragédia caminha para uma "reconciliação" entre dois princípios (p. 249). Hegel, de fato, considera a pulsão de morte como uma derivação do desejo. Lacan, por outro lado, expõe repetidamente a tese segundo a qual "não se trata simplesmente da defesa dos direitos sagrados dos mortos e da família", mas que, *de fato*, se trata da trajetória da paixão em direção à autodestruição. Aqui, porém, ele sugere que o que se pensa sobre a paixão fatal é em última instância separável dos limites impostos pelo parentesco. Seria essa separação possível, considerando o espectro da paixão incestuosa? Será que qualquer teorização do simbólico ou de sua inauguração seria finalmente separável da questão do parentesco e da família? Afinal, vimos no *Seminário II* como a própria noção do simbólico deriva de sua leitura de Lévi-Strauss sobre as estruturas elementares do parentesco e, em particular, de sua visão da mulher como um objeto de troca linguística. De fato, Lacan relata que havia pedido a Lévi-Strauss que relesse *Antígona* a fim de confirmar que a tragédia trata do início da cultura propriamente dita (p. 285).

No entanto, Lacan aborda *Antígona* primeiro como uma imagem fascinante, e depois em relação ao problema da pulsão de morte no masoquismo. Com relação a este segundo aspecto, porém, Lacan sugere que as leis não escritas e perenes, que precedem toda codificação, são aquelas que marcam o lado mais distante de um limite simbólico que os seres humanos não

A REIVINDICAÇÃO DE ANTÍGONA

podem atravessar. Antígona aparece nesse limite, ou melhor, como esse limite, e a maioria das discussões subsequentes de Lacan se concentra sobretudo no termo *Atè*, entendido como o limite da existência humana que só pode ser atravessado brevemente no curso da vida.

Antígona já está a serviço da morte, já morta enquanto ainda está viva, e por isso parece de alguma forma ter atravessado a fronteira para uma morte que ainda precisa ser compreendida. Lacan interpreta a obstinação de Antígona como uma manifestação dessa pulsão de morte, unindo-se ao coro que a chama de "desumana" (p. 263) em relação a Ismene, e ela claramente não é a única a ser "deste" domínio anterior e não escrito: Creonte quer promover o bem de todos como a lei sem limites (p. 259), mas, no processo de aplicação da lei, ele vai além, baseando a sua autoridade também em leis não escritas que parecem impulsionar suas ações em direção à autodestruição. Entende-se que Tirésias também fala justamente desse lugar que não é exatamente "da" vida: sua voz é e não é sua, suas palavras vêm dos deuses, do menino que descreve os sinais, das palavras que recebe de outros, e, mesmo assim, é ele quem fala. Sua autoridade parece vir de algum outro lugar que não é humano. O fato de ele falar das palavras divinas o estabelece como um sujeito para quem a mimese envolve uma divisão e uma perda de autonomia; ela o liga ao tipo de enunciado performado por Creonte quando este afirma a sua autoridade para além dos limites codificáveis. Seu discurso não apenas provém de um lugar diferente da vida humana, mas também anuncia

LEIS NÃO ESCRITAS, TRANSMISSÕES ABERRANTES

ou produz — ou melhor, comunica um retorno a — uma outra morte, a segunda morte que Lacan identifica como cessação de todas as transformações, naturais ou históricas.

Nesta parte do seminário, Lacan estabelece uma relação clara de Antígona com Sacher-Masoch e Sade: "A análise mostra claramente que o sujeito se desprende de um duplo de si que se torna inacessível à destruição, a fim de fazê-lo suportar aquilo que, tomando de empréstimo um termo do âmbito da estética, não se pode deixar de chamar de jogo da dor." A tortura estabelece a indestrutibilidade para Antígona e Sade. O apoio indestrutível se torna a ocasião para a produção de formas e, portanto, a condição da própria estética. Nos termos de Lacan: "O objeto [no fantasma sadeano] existe apenas como poder de sustentar uma forma de sofrimento" (p. 261) e, assim, torna-se uma forma de persistência que sobrevive aos esforços para destruí-lo. Essa persistência parece estar relacionada ao que Lacan, de modo espinosano, chama de puro Ser.

A discussão de Lacan sobre Antígona no *Seminário VII* se desdobra em formas metonímicas, identificando primeiro o modo pelo qual a peça força uma revisão da teoria aristotélica da catarse. Lacan sugere que *Antígona* de fato envolve uma purgação — ou uma expiação —, mas não se trata daquela que levaria ao restabelecimento da calma, e sim à continuação da irresolução. Ele questiona de maneira mais específica a "imagem" de Antígona (p. 248) em relação a essa purgação sem resolução e a define como uma imagem que purifica tudo o que pertence à ordem do imaginário (p. 248). Essa mesma característica fundamental de Antígona leva metonimicamente a uma consideração da "segunda morte", que, para Lacan, desfaz as condições da primeira morte, a saber, o ciclo de morte e vida. A segunda morte, desse modo, é aquela para a qual não há um ciclo de redenção, aquela que não é seguida de nascimentos: será essa a morte de Antígona, mas, segundo o seu solilóquio, terá sido também a morte de cada membro de sua família. Lacan identifica ainda essa segunda morte com o "Ser em si", tomando de empréstimo a convenção da capitalização do léxico heideggeriano. A imagem de Antígona, a imagem de não resolução, a imagem não resolvida, é a posição do Ser em si.

Entretanto, pouco antes, na mesma página, Lacan conecta essa mesma imagem à "ação trágica", que, conforme sua análise posterior, articula a posição do Ser como um limite. Significativamente, esse limite também é descrito em termos de uma irresolução constitutiva, ou seja, "ser enterrada viva numa tumba". Mais adiante, ele propõe outra linguagem para a compreensão dessa imagem sem resolução, a do movimento imóvel (p. 252). Acrescenta, então, que essa imagem também é "fascinante" e exerce um efeito sobre o desejo — uma imagem que, ao final do capítulo "O brilho de Antígona", se tornará constitutiva do próprio desejo. No teatro, vemos aqueles que estão enterrados vivos em uma tumba, vemos os mortos se moverem, vemos com fascínio o inanimado ganhar vida.

Parece que a coincidência insolúvel entre a vida e a morte na imagem, imagem que Antígona exemplifica sem esgotar, é também aquilo que pode ser entendido como "limite" e "posição do Ser". Trata-se de um limite que não se pode pensar propriamente em vida, mas que atua na vida como a fronteira que os vivos não podem atravessar, um limite que constitui e simultaneamente nega a vida.

Lacan, ao dizer que Antígona fascina como imagem, e que ela é "bela" (p. 260), chama a atenção para essa coincidência simultânea e irresoluta entre vida e morte, ressaltada por Antígona para o seu público. Ela está morrendo, porém permanece viva, e dessa forma assume o significado do limite que é a morte (final). Lacan, nessa discussão, recorre a Sade para esclarecer que o ponto nulo, o "partir outra vez do zero", determina a produção e reprodução de formas; é um "substrato que faz com que o sofrimento seja suportável [...] o duplo de si mesmo", que dá suporte em relação à dor (p. 261). Na página seguinte, Lacan torna isso mais claro ao delinear as condições de resistência, descrevendo a característica constitutiva dessa imagem como "o limite em que um ser permanece em estado de sofrimento" (p. 262).

Dessa forma, Lacan busca mostrar que Antígona não pode ser compreendida à luz da herança histórica da qual ela surge, mas pelo fato de afirmar "um direito que emerge do caráter indelével daquilo que é" (p. 279). E isso o leva à controversa conclusão de que "essa separação do ser das características do drama histórico pelo qual passou é justamente o limite ou o *ex nihilo* ao qual Antígona está ligada" (p. 279). Aqui, mais uma vez, pode-se perguntar como o drama histórico pelo qual ela passou a leva de volta não apenas a essa persistente indelebilidade do que é, mas à perspectiva certa da delebilidade. Ao distinguir o drama histórico pelo qual ela passa da verdade metafísica que ela ilustra para nós, Lacan deixa de perguntar como certos tipos de vida, precisamente em virtude dos dramas históricos que são seus, são relegados aos limites do indelével.

Como outros personagens de Sófocles, os de *Antígona* se situam, para Lacan, "em um extremo que não representa sua solidão em relação às outras pessoas" (p. 272). Eles não estão simplesmente separados uns dos outros, ou, ao contrário, separados uns dos outros em relação ao efeito singularizante da finitude. Há algo mais: eles são personagens que se encontram "desde o início em uma zona-limite, encontram-se entre a vida e a morte" (p. 272), a partir da qual Lacan elabora uma palavra hifenizada: "*entre-la-vie-et-la-mort*" (p. 317). Ao contrário de Hegel, Lacan entende que o mandato em nome do qual Antígona age é significativamente ambíguo, produzindo uma reivindicação cujo estatuto não se opõe claramente ao de Creonte. Em primeiro lugar, ela apela a *ambos*, tanto às leis da terra quanto aos mandamentos dos deuses (p. 276), e seu discurso, consequentemente, vacila entre eles. Ela tenta se distinguir de Creonte, mas será que seus desejos são tão diferentes entre si? De forma similar, o coro busca se dissociar do que Lacan chama de "desejo do outro", mas descobre que, no fim das contas, essa separação é impossível. Tanto Creonte quanto Antígona, em momentos diferentes, afirmam ter os deuses do seu lado: Creonte justifica as leis da cidade fazendo referência aos decretos dos deuses; Antígona cita os deuses ctônicos como fonte de sua própria autoridade. Estariam eles invocando os mesmos deuses, e que tipo de deuses seriam esses, e que tipo de ruína provocam, se tanto Antígona quanto Creonte se entendem como pertencentes ao circuito do seu mandato?

Para Lacan, recorrer aos deuses significa buscar recursos além da vida humana, recorrer à morte e instalar essa morte na vida; essa maneira de recorrer ao que está além ou antes do simbólico leva a uma autodestruição que torna literal a introdução da morte na vida. É como se a própria invocação desse outro lugar provocasse o desejo em direção à morte, uma segunda morte, aquela morte que significa o fim de qualquer transformação futura. Antígona, em particular, "por seu desejo, viola os limites da *Atè*" (p. 277). Se esse é um limite que os humanos só podem atravessar brevemente, ou mais precisamente, não podem atravessar por muito tempo,[17] trata-se de um limite que Antígona não só atravessou, mas além do qual permaneceu por muito tempo. Ela ultrapassou o limite, desafiando a lei pública, citando uma lei que vem de outro lugar, mas esse outro lugar é uma morte que também é solicitada por essa própria citação. Ela age, mas age de acordo com um mandato de morte, que retorna a ela mediante a destruição da condição contínua de possibilidade de seu próprio ato, um ato que acaba se revelando insuportável.

Diz Lacan: "O limite em questão é aquele no qual ela se posta, um lugar em que ela se sente inatacável, e em que um mortal nada pode fazer para passar por cima das leis. *Não se*

*trata mais de leis, mas de uma certa legalidade que é conse-
quência das leis dos deuses ditas como [...] não escritas [...] uma
evocação de algo que, com efeito, é da ordem da lei, mas que não
está desenvolvido em nenhuma cadeia significante ou em nada
mais* [dans rien]" (p. 278, p. 324, ênfase minha). Antígona,
portanto, não se situa dentro do simbólico, e essas leis não
escritas e que não podem ser escritas não equivalem ao simbólico, aquele circuito de troca em que o sujeito se encontra.
Ainda que Lacan identifique esse movimento de pulsão de
morte, interno ao desejo, como aquilo que, em última análise,
conduz Antígona para fora do simbólico, e que é a condição
para uma vida suportável, é interessante observar que o que
a faz atravessar a barreira para a cena da morte é justamente a
maldição de seu pai, as palavras do pai, os mesmos termos
com que Lacan *define* anteriormente o simbólico: "É o discurso do meu pai, por exemplo, na medida em que meu pai
cometeu faltas as quais estou absolutamente condenado a reproduzir — é o que se denomina superego." Se a demanda ou
a obrigação imposta pelo simbólico é de "transmitir a cadeia
do discurso em sua forma aberrante a outrem" (*Seminário II*,
p. 89), então Antígona transmite essa cadeia, mas ela também,
significativamente, ao obedecer à maldição contra si, freia o
futuro funcionamento dessa cadeia.

Ainda que Antígona opere dentro dos termos da lei ao
reivindicar justiça, ela também destrói a base da justiça na comunidade ao insistir que o irmão é irredutível a qualquer lei

LEIS NÃO ESCRITAS, TRANSMISSÕES ABERRANTES

que pudesse tornar os cidadãos intercambiáveis entre si. Uma vez que afirma a particularidade radical do seu irmão, ele vem a representar um escândalo, uma ameaça de ruína para a universalidade da lei.

Em certo sentido, Antígona se recusa a permitir que o seu amor por seu irmão seja assimilado a uma ordem simbólica que exige um signo comunicável. Ao permanecer ao lado do signo incomunicável, da lei não escrita, ela se recusa a submeter seu amor à cadeia de significação, àquela vida de substitutibilidade que a linguagem inaugura. Ela representa, nos diz Lacan, o "caráter indelével do que é" (p. 279). Mas o que *é*, sujeito à lei do simbólico, é precisamente o que é esvaziado pelo surgimento do signo. O retorno a uma ontologia indelével, pré-linguística, está assim associado, em Lacan, a um retorno à morte e, de fato, a uma pulsão de morte (referencialidade aqui figurada como morte).

Considere, entretanto, que *pace* Lacan, Antígona, ao defender Polinices e seu amor por ele, vai além de representar o caráter indelével do que é. Em primeiro lugar, é o corpo exposto de seu irmão que ela tenta cobrir, se não apagar, com seu enterro de pó. Em segundo lugar, uma das razões pelas quais tomar uma posição por seu irmão a coloca em uma morte em vida parece estar no fato de que tal ato anula justamente as relações de parentesco que articulam o simbólico lacaniano, ou seja, as condições inteligíveis para a vida. Antígona não simplesmente adentra a morte abandonando os laços simbólicos da comunidade para recuperar uma ontologia impossível e pura do irmão. O que Lacan elide nesse momento, talvez manifestando sua própria cegueira, é o fato de que ela sofre uma condenação fatal por anular o tabu do incesto e sua articulação entre o parentesco e o simbólico. Isso não significa que o conteúdo puro do irmão seja irrecuperável a partir de sua articulação simbólica, mas que o próprio simbólico é limitado por suas interdições constitutivas.

Lacan aponta o problema em termos de uma relação inversa entre o simbólico e uma ontologia pura: "Antígona representa, por sua posição, esse limite radical que, para além de todos os conteúdos, de tudo o que Polinices pôde fazer de bem e de mal, de tudo o que lhe pode ser infligido, mantém o valor de seu ser."[18] Essa análise, entretanto, não leva em conta que ela também está cometendo um crime, não apenas ao desafiar o decreto do Estado, mas ao levar o amor por seu irmão longe demais. Quem então separa Polinices do "drama histórico que ele atravessou" é o próprio Lacan, generalizando os efeitos fatais dessa proibição como "o corte que a própria presença da linguagem instaura na vida do homem".

Parece que o que se encontra esquecido, enterrado ou encoberto aqui é justamente a conexão feita anteriormente por Lacan entre o simbólico e Lévi-Strauss, bem como a questão de esse simbólico ser ou não uma "totalidade", como Lévi-Strauss afirmava e Hyppolite temia. Se, como reivindica Lacan, Antígona representa um tipo de pensamento que se opõe ao simbólico e, portanto, à vida, talvez seja justamente porque as próprias condições de uma vida vivível sejam estabelecidas por um simbólico contestado pelo tipo de reivindicação expressa por Antígona. E essa reivindicação não se expressa fora do simbólico nem fora da esfera pública, mas de acordo com seus termos e como uma imprevista apropriação e perversão de seu próprio mandato.

Com efeito, a maldição do pai é o modo como Lacan define o simbólico, essa obrigação dos descendentes de dar continuidade, em suas próprias direções aberrantes, às palavras paternas. As palavras do pai, enunciações que dão origem à maldição simbólica, conectam seus filhos de uma vez só. Essas palavras se tornam o circuito no qual o desejo de Antígona toma forma, e, ainda que ela esteja quase irremediavelmente enredada a tais palavras, estas não chegam a capturá-la por completo. Será que essas palavras não a condenam à morte, já que Édipo afirma que teria sido melhor se seus filhos não tivessem vivido, ou será que é o fato de ela fugir dessas palavras que a leva à inviabilidade de um desejo exterior à inteligibilidade cultural? Se o simbólico é governado pelas palavras do pai, e se o simbólico é estruturado por um parentesco que assumiu a forma de estrutura linguística, e se o desejo de Antígona é insustentável dentro do simbólico, então por que Lacan argumenta que aquilo que a leva inexoravelmente à morte é uma característica imanente do seu desejo? Não seriam justamente os limites do parentesco que estariam registrados como

A REIVINDICAÇÃO DE ANTÍGONA

a insuportabilidade do desejo, fazendo com que o desejo se direcione à morte?

Lacan reconhece que há um limite aqui, mas este será o limite da própria cultura, um limite necessário, além do qual a morte é necessária. Ele afirma que "a vida só é abordável, só pode ser vivida e refletida a partir desse limite em que sua vida já se perdeu, em que ela já está do outro lado" (p. 280). Até que ponto, porém, essa reflexão sobre a pulsão de morte pode retornar a fim de desafiar a articulação do simbólico e de alterar as proibições fatais por meio das quais este reproduz seu próprio campo de poder? E o que, no destino dela, é na verdade uma morte social, no sentido que Orlando Patterson atribuiu ao termo?[19] Essa parece uma questão crucial, já que tal posição exterior à vida, como a conhecemos, não é necessariamente uma posição exterior à vida como esta deve ser. Esta nos proporciona uma perspectiva das restrições do simbólico que estabelecem a viabilidade da vida, e a questão se torna: será que ela também traz uma perspectiva crítica por meio da qual os próprios termos de uma vida vivível possam ser reescritos, ou melhor, ser escritos pela primeira vez.

Será que Antígona, como sugere Lacan, "leva até o limite a efetivação do que se pode chamar de desejo puro, o puro e simples desejo de morte como tal" (p. 282)? Seria seu desejo o de meramente persistir na criminalidade até a morte? Será que Lacan tem razão quando diz que "Antígona escolhe ser pura e simplesmente a guardiã do ser criminoso como tal" (p. 283),

LEIS NÃO ESCRITAS, TRANSMISSÕES ABERRANTES

ou, pelo contrário, será que essa criminalidade atesta um direito inconsciente, marca de uma legalidade que precede a codificação, sobre a qual o simbólico, em suas foraclusões precipitadas, deve fracassar, colocando a pergunta acerca da possibilidade de haver novas bases para a comunicabilidade e para a vida?

Capítulo 3

Obediência promíscua

Em seu estudo das apropriações históricas de *Antígona*, George Steiner levanta uma questão controversa que não chega a levar adiante: o que aconteceria se a psicanálise tivesse tomado Antígona, em vez de Édipo, como ponto de partida?[1] Édipo, é claro, tem seu próprio destino trágico, mas o destino de Antígona é decididamente pós-edipiano. Ainda que seus irmãos sejam explicitamente amaldiçoados por seu pai, será que a maldição também a afeta? Se sim, por quais meios furtivos e implícitos? O coro observa como certamente algo do destino de Édipo tem efeito sobre o de Antígona, mas qual fardo da história ela carrega? Édipo vem a saber quem são seu pai e sua mãe, mas descobre que sua mãe é também sua esposa. O pai de Antígona é seu irmão, já que ambos compartilham a mesma mãe, Jocasta, e seus irmãos são seus sobrinhos, filhos de seu irmão-pai, Édipo. As relações de parentesco se tornam irreversivelmente equívocas. Seria isso parte de sua tragédia? Será que a fatalidade decorre dessa equivocidade do parentesco?

Antígona se encontra em uma rede de relações que não produz uma posição coerente dentro do parentesco. A rigor, ela não está fora do parentesco, e tampouco é ininteligível. É possível compreender sua situação, mas apenas com certo grau de horror. O parentesco não é simplesmente uma situação em que Antígona se encontra, mas um conjunto de práticas que ela própria performa, relações que são reinstituídas no tempo precisamente por meio da prática de sua repetição. Quando enterra o irmão, não é como se apenas agisse em virtude do parentesco, como se o parentesco lhe oferecesse um princípio de ação, mas sua ação é a ação do parentesco, a repetição performativa que reinstaura o parentesco como escândalo público. O parentesco é o que ela reafirma com sua ação; para retomar uma formulação de David Schneider, o parentesco não é uma forma de ser, mas uma forma de fazer.[2] E a ação de Antígona a envolve na repetição aberrante de uma norma, de um costume, de uma convenção, não de uma lei formal, mas de uma regulação da cultura, parecida com uma lei, e que funciona com sua própria contingência.

Se lembrarmos que, para Lacan, o simbólico, esse conjunto de regras que governa o acesso ao discurso e a possibilidade da fala dentro da cultura, é motivado pelas palavras do pai, então as palavras do pai certamente pesam sobre Antígona; elas são, por assim dizer, os meios pelos quais Antígona age e a voz com a qual defende seus atos. Ela transmite essas palavras de forma aberrante, comunicando-as lealmente e traindo-as ao dirigi-las para lugares aos quais nunca tiveram a intenção de ir.

OBEDIÊNCIA PROMÍSCUA

As palavras se repetem, e sua repetibilidade conta com o desvio que a repetição performa. Seu discurso e seu ato são uma aberração que facilita tais transmissões. Na realidade, Antígona transmite mais de um discurso ao mesmo tempo, já que as demandas que pesam sobre ela provêm de mais de uma fonte: seu irmão também pede a ela que lhe dê um enterro decente, uma demanda que, de certo modo, entra em conflito com a maldição de Édipo contra seu filho, a de morrer em batalha e ser recebido no mundo subterrâneo. Essas duas demandas convergem e produzem certa interferência na transmissão da palavra paterna. Afinal, em última análise, se o pai é o irmão, qual é a diferença entre eles? E o que seria colocar a demanda de Édipo acima da demanda de Polinices?

As palavras pesam sobre ela, mas o que isso significa? Como uma maldição vem a informar a ação que cumpre a profecia inerente à própria maldição? Qual é a temporalidade da maldição, tendo em conta que as ações de Antígona criam uma equivocação entre as palavras que pesam sobre ela, as quais a fazem sofrer, e o ato que ela mesma realiza? Como devemos entender o singular *nomos* do ato em si? Como a palavra do Outro se torna a sua própria ação, e qual é a temporalidade dessa repetição na qual a ação que é produzida como resultado da maldição é também, de alguma maneira, uma repetição aberrante, uma repetição que afirma que a maldição produz consequências imprevistas?

Édipo, inadvertidamente, é claro, dorme com a própria mãe e assassina o pai, sendo então levado ao exílio, acompanhado por Antígona. Em *Édipo em Colono*, os dois, junto a um pequeno grupo de seguidores, encontram abrigo oferecido por Teseu em uma região governada por Atenas. Édipo toma conhecimento de que seus filhos o proibiram expressamente de retornar a Tebas, e descobre, além disso, que eles se voltaram um contra o outro em uma amarga batalha pelo trono. Perto do final da obra, a segunda da trilogia, Polinices visita Édipo e pede que ele regresse. Édipo não só recusa, como também lança uma maldição contra Polinices: "não triunfarás em tua terra natal com armas; (...) mas perecerás pelas mãos de teu irmão, e matarás aquele por quem foste exilado! [*you shall never conquer in war your native land; (...) but shall perish by your brother's hand, and kill him who drove you out!*]"* (Grene, 1385-1393).

Antígona fica por perto, implorando ao pai por benevolência para com Polinices, mas fracassa. E não fica claro se o irmão cujo ato o matará é Etéocles, que inflige o golpe fatal, ou Édipo, cuja maldição tanto prediz quanto ordena o próprio golpe. Polinices, apesar dos protestos de Antígona, decide mesmo assim ir à guerra contra Etéocles, e deixa a irmã gritando desesperadamente: "Meu coração está partido!" Ela então enuncia a fala que prefigura que seu próprio e conhecido destino se aproxima: "Irmão, e quem *não* choraria vendo que segues assim claramente para a morte, de olhos abertos para a morte! [*Brother, how can anyone* not *mourn, seeing you set out to death so clear before you go with open eyes to death!*"] (Grene, 1645-1649).** Com

---

* Tradução livre do inglês. [*N. da E.*]
** Tradução livre do inglês. [*N. da E.*]

OBEDIÊNCIA PROMÍSCUA

efeito, Antígona irá sofrer e — dada a cronologia das tragédias — "já sofreu" justamente o destino que predisse ao irmão, o de adentrar a morte advertidamente.

Antígona não só perde o irmão para a maldição de seu pai, cujas palavras literalmente gritam a força da aniquilação, como também perde o pai para a morte pela maldição que recai sobre ele. As palavras e os atos se entrelaçam fatalmente na cena familiar. Os atos de Polinices e Etéocles parecem cumprir e encenar as palavras do pai, mas suas palavras — e suas ações — são também parte de uma maldição que paira sobre ele, a maldição de Laio. Antígona se preocupa com o destino deles, inclusive quando embarca no próprio curso de suas ações, que encontrará sua necessária conclusão na morte. Seu desejo de salvar os irmãos do destino que lhes é previsto parece ser dominado por seu desejo de se unir a eles nesse destino.

Antes de morrer, Édipo enuncia aquilo que assume o estatuto de maldição. Ele condena Antígona, mas a força da condenação está em vinculá-la a ele. Suas palavras culminam em uma falta de amor permanente para Antígona, um sentimento sujeito à maneira como Édipo exige lealdade, demanda esta que beira uma possessividade incestuosa: "'amor maior que o deste homem sem o qual/ 'ireis viver pelo resto de vossas vidas'" (1920-1921). Suas palavras exercem assim uma força no tempo que excede a temporalidade da enunciação: elas exigem que Antígona nunca tenha outro homem além daquele que está morto, e, ainda que isso seja uma exigência, uma maldição, pronunciada *por* Édipo, que se impõe como seu único amor, fica claro que ela honra essa

107

maldição e, ao mesmo tempo, a desobedece ao transferir seu amor pelo pai para o seu irmão. De fato, ela considera o irmão o seu único amor — apenas por Polinices, e por nenhum outro parente, ela se arriscaria a desafiar o édito oficial. Dessa forma, ela trai Édipo mesmo ao cumprir os termos de sua maldição. Ela amará somente um homem que está morto; consequentemente, não amará homem algum. Ela obedece à demanda de Édipo, mas o faz de forma promíscua, já que ele, claramente, não é o único homem morto que ela ama e, na verdade, nem mesmo o último. Seria possível dissociar o amor por um deles do amor pelo outro? E quando se trata de seu "irmão mais precioso", para quem ela comete o seu ato criminoso e honroso, esse irmão seria claramente Polinices, ou poderia ser Édipo?

Ciente de estar à beira da morte, Édipo pergunta: "Cobrir-me-ão o corpo com a terra de Tebas?" (441) e descobre que seu crime faz com que isso seja impossível. Sem que ninguém assista, nem mesmo Antígona, ele é então enterrado por Teseu. Antígona, na tragédia de mesmo nome, imita o ato do forte e leal Teseu e enterra seu irmão às escondidas, certificando-se de que o corpo de Polinices seja coberto pelo pó tebano. Pode-se interpretar o assertivo enterro que duas vezes Antígona performa como um ato que presta honras a ambos, refletindo e instituindo uma equivocação entre filho e pai. Em suma, eles são intercambiáveis para ela, porém seu ato restabelece e reelabora essa intercambiabilidade.

Embora Sófocles tenha escrito *Antígona* vários anos antes de *Édipo em Colono*, a ação descrita na primeira tragédia *segue*

OBEDIÊNCIA PROMÍSCUA

a da segunda. Qual é a significação dessa lacuna temporal? Será que as palavras que incitam à ação podem ser entendidas apenas em retrospectiva? Será que as implicações da maldição, entendida como uma ação prolongada, poderiam ser compreendidas apenas retrospectivamente? A ação futura prevista pela maldição se revela uma ação que esteve ocorrendo o tempo todo, de tal forma que o movimento de avanço do tempo é precisamente o que se inverte, pela temporalidade, dessa maldição. A maldição estabelece uma temporalidade para a ação que ela mesma ordena que precede a própria maldição. As palavras projetam no futuro o que já vinha acontecendo.

Antígona não deve amar nenhum outro homem exceto aquele que está morto, mas, em certo sentido, ela também é um homem. E é esse também o epíteto que Édipo lhe atribui, como presente ou recompensa por sua lealdade. Quando Édipo é banido, Antígona cuida dele e, por sua lealdade, é tratada como "homem" (*aner*). Com efeito, ela o segue lealmente no exílio, mesmo que em um determinado momento esse ato de seguir se transforme imperceptivelmente em uma cena em que é *ela* que *o* conduz: "Vem, pai, comigo, vem andando assim...// vem marchando como um cego" (193, 195).

Em virtude da maldição, Antígona se obriga a ser leal a um homem morto, uma lealdade que a torna viril e que, ao mesmo tempo, a força a adquirir o atributo que tem a aprovação de Édipo, de tal forma que desejo e identificação se confundem intensamente em um vínculo melancólico. Édipo, sem dúvidas, entende o gênero como uma espécie de maldição, pois uma das formas pelas quais ele condena seus filhos consiste em acusá-los, empregando o tropo de uma inversão orientalizante de gênero:

> Por sua índole e seu modo de portar-se/ vivem os dois como se estivessem no Egito,/ onde os maridos ficam sentados em casa,/ tecendo, enquanto as mulheres vão para a rua/ na luta para conseguir os alimentos./ Convosco, minhas filhas, acontece o mesmo:/ enquanto aqueles que deviam trabalhar/ ocupam-se de questiúnculas domésticas/ como se fossem moças, vós, *em seu lugar*,/ tratais sem trégua dos males de vosso pai. (356-365, grifo meu)

Édipo afirma mais tarde que Ismene e Antígona tomaram literalmente o lugar de seus irmãos, assumindo o gênero masculino ao longo do caminho. Dirigindo-se aos filhos, ele diz:

> E se eu não tivesse gerado estas filhas para me nutrirem, por certo, no que concerne a ti, eu não existiria. Mas o fato é que elas me protegem, elas são minhas nutrizes, elas são homens, não mulheres, no sofrer. Mas vós fostes gerados por outro e não por mim. (1559-1563)*

---

* Em razão das divergências entre as traduções de língua inglesa e portuguesa, optou-se, neste trecho, pela tradução livre, tal qual transcrito por Judith Butler. [*N. da E.*]

OBEDIÊNCIA PROMÍSCUA

As suas filhas se tornam, assim, seus filhos, embora ele afirme anteriormente que essas mesmas filhas (Antígona e Ismene) são também suas "irmãs" (348). Desse modo, deparamo-nos com uma espécie de problema de parentesco no cerne de Sófocles. Antígona passa agora a ocupar o lugar do irmão, e então rompe com Ismene, o que reflete a ruptura entre Polinices e Etéocles; as duas agem, poderíamos dizer, como irmãos. Assim, quando o drama termina, Antígona já tomou o lugar de quase todos os homens de sua família. Será esse o efeito das palavras que pesam sobre ela?

As palavras, de fato, exercem aqui certo poder que não é imediatamente aparente. Elas agem, exercem um certo tipo de força performativa, às vezes são claramente violentas em suas consequências, como palavras que constituem ou geram violência. Por vezes parece que as palavras agem de modo ilocucionário, encenando o próprio ato que nomeiam no exato momento da nomeação. Para Hölderlin, isso constitui parte da força assassina da palavra em Sófocles. Considere o momento em que o coro, em *Édipo em Colono*, lembra Édipo de seu crime, um relato verbal do ato que se torna a punição violenta *pelo ato*. O coro não se limita a narrar os acontecimentos, mas pronuncia a acusação, exige que Édipo a reconheça e, por meio desse discurso inquisitivo, lhe inflige uma punição:

> ÉDIPO: Que me perguntas? Que tentas saber?
> CORO: ...o causador da morte de teu pai?

A REIVINDICAÇÃO DE ANTÍGONA

> ÉDIPO: Ah! Estrangeiro! Agora estás ferindo-me pela segunda vez, golpe após golpe!
> CORO: Mataste! (599-603)

Édipo, portanto, por ter golpeado e assassinado seu pai, é verbalmente golpeado pelo coro; a acusação repete verbalmente o crime, renova o golpe onde Édipo já está ferido e onde, pois, sofre mais uma ferida. Ele diz: "Agora estás ferindo-me pela segunda vez"; e o coro golpeia de novo, golpeia com palavras, repetindo: "mataste". E o coro que fala é ambiguamente referido como "Deus no céu"; falando com a força que têm as palavras divinas. Tais cenas, sem dúvida, levaram Hölderlin a observar a fatalidade das palavras no seu "Anmerkungen zur Antigone": "A palavra se torna uma mediadora fática na medida em que se apodera do corpo sensível. A palavra trágica grega é fatalmente fática [*tödlichfaktisch*] pois verdadeiramente se apodera do corpo que mata."[3]

Não se trata simplesmente de as palavras matarem Édipo em um sentido linguístico e psíquico, mas de essas palavras, que constituem a maldição de Laio lançada sobre ele, levarem-no ao incesto e ao assassinato. Ao matar, ele executa ou leva a termo as palavras que pesavam sobre ele; sua ação se torna inseparável do ato falado, uma condição, podemos dizer, tanto da maldição refletida na ação dramática quanto da estrutura da própria ação dramática. Trata-se de palavras que são transmitidas por alguém, mas que não são autonomamente geradas ou mantidas

OBEDIÊNCIA PROMÍSCUA

por quem as enuncia. Elas surgem, como diz Hölderlin, de uma boca inspirada ou possuída (*aus begeistertem Munde*) e se apoderam do corpo que mata. Elas são pronunciadas para Édipo, mas este também reencena seu trauma, na medida em que suas palavras se apoderam de seus filhos e os matam; apoderam-se deles transformando-nos em assassinos; e apoderam-se do corpo de sua filha Antígona, generificando-o como viril. Elas o fazem justamente ao se tornarem palavras que atuam no tempo, palavras cuja temporalidade excede a cena de sua enunciação, transformando-se no desejo daqueles que elas nomeiam, ao se repetir e invocar, conferem apenas retrospectivamente o sentido de um passado necessário e persistente, confirmado pela enunciação que o prediz, em que a predição se torna o ato de fala por meio do qual uma necessidade já em operação se confirma.

A relação entre palavra e ato se torna irrevogavelmente enredada na cena familiar, na qual cada palavra se transforma em evento ou, melhor dizendo, de acordo com a expressão de Hölderlin, em "fato fatal". Cada ato é o efeito temporal aparente de alguma palavra pronunciada anteriormente, e assim se estabelece a temporalidade de um atraso trágico, segundo o qual tudo o que acontece já aconteceu e virá a aparecer como o que já vinha acontecendo o tempo todo, uma palavra e um ato enredados e estendidos ao longo do tempo pela força da repetição. Encontramos essa fatalidade, em certo sentido, na dinâmica de sua temporalidade e de seu exílio perpétuo no não ser que marca sua distância de qualquer sentido de lar.[4] Segundo Hölderlin, essa performatividade prodigiosa da palavra é trágica no sentido fatal e no sentido teatral. No teatro, a palavra é atuada, a palavra como ato adquire um significado específico; a intensa performatividade das palavras nessa tragédia tem bastante a ver com as palavras que aparecem em uma peça, na medida em que são atuadas, na medida em que se tornam atos [*acted out*].

Há, é claro, outros contextos em que as palavras se tornam indissociáveis dos atos; por exemplo, as reuniões departamentais ou encontros de família. A força particular da palavra como ato dentro da família, ou, de forma mais geral, quando circula na esfera do parentesco, é imposta como lei (*nomos*). Mas essa imposição não se dá sem uma reiteração — um errático eco temporal — que também faz a lei correr o risco de sair de seu caminho.

Se voltássemos à psicanálise à luz da figura de Antígona, de que forma a nossa análise da obra e dessa personagem poderia configurar a possibilidade de um futuro aberrante para a psicanálise, na medida em que esse modo de análise seja apropriado em contextos imprevistos? A psicanálise traça a história errática de tais enunciações e faz suas próprias declarações, tais como leis, ao longo do caminho. Ela pode nos oferecer uma maneira de interpretar a maldição, uma força aparentemente premonitória da palavra, carregada de uma história psíquica que não pode adentrar plenamente a forma narrativa. A palavra criptografada traz dentro de si uma história irrecuperável, uma história que, em virtude de sua própria irrecuperabilidade e sua enigmática vida futura na forma de palavras, carrega uma força cuja origem e final não podem ser totalmente determinados.

OBEDIÊNCIA PROMÍSCUA

O fato de que a peça *Antígona* precede sua própria pré--história, tendo sido escrita décadas antes de *Édipo em Colono*, indica como a maldição opera dentro do horizonte de uma temporalidade incerta. Pronunciada antes dos acontecimentos, sua força só é conhecida retroativamente; sua força precede a enunciação, como se sua enunciação, paradoxalmente, inaugurasse a necessidade de sua pré-história e do que virá a aparecer como sempre já em conformidade com a verdade.

Porém, até que ponto há certeza quanto ao êxito de uma maldição? Existe alguma maneira de quebrá-la? Ou existiria, antes, uma maneira de expor e explorar sua própria vulnerabilidade? Quem profere a maldição no presente, ou se encontra em meio à efetividade histórica da palavra, não pronuncia, como um ventríloquo, precisamente as palavras provenientes de uma fonte prévia. As palavras são reiteradas, o que intensifica a sua força. A agência que realiza essa reiteração conhece a maldição, mas compreende mal o momento em que ela participa de sua transmissão.

Até que ponto essa ideia da maldição se mostra operante na concepção de um discurso simbólico transmitido de formas determinadas, ainda que imprevisíveis, pelo sujeito falante? E, na medida em que o simbólico reitera uma necessidade "estrutural" do parentesco, será que ele retransmite ou faz cumprir a maldição do próprio parentesco? Em outras palavras, será que a lei estruturalista nos fornece informações sobre a maldição que paira sobre o parentesco, ou será que ela mesma produz essa maldição? Seria o parentesco estruturalista a maldição que se abate sobre a teoria crítica contemporânea quando tenta abordar a questão da normatividade sexual, da socialidade e do estatuto da lei? No mais, se estamos enredados nessa herança, existiria alguma maneira de transmitir essa maldição de forma aberrante, expondo sua fragilidade e fratura na repetição e no restabelecimento de seus termos? Seria essa ruptura com a lei, que se dá no próprio restabelecimento da lei, a condição necessária para articular um parentesco futuro que vá além da totalidade estruturalista, um pós-estruturalismo do parentesco?[5]

A revisão de Antígona realizada pela teoria psicanalítica pode colocar em questão o pressuposto de que o tabu do incesto legitima e normaliza o parentesco baseado na reprodução biológica e na heterossexualização da família. Por mais que a psicanálise tenha frequentemente insistido que a normalização é invariavelmente interrompida e frustrada pelo que não pode ser prescrito por normas reguladoras, ela raramente tratou da questão de como novas formas de parentesco podem surgir e de fato surgem com base no tabu do incesto. A partir do pressuposto de que não se pode — ou não se deve — escolher um amante ou parceiro conjugal entre familiares imediatos, não se segue que os laços do parentesco que *são* possíveis assumam uma determinada forma particular.

Na medida em que o tabu do incesto contém em si mesmo sua própria infração, ele não proíbe simplesmente o incesto, mas o sustenta e cultiva como um espectro necessário da dissolução social, um espectro sem o qual os laços sociais não podem surgir. Assim, a proibição do incesto na peça *Antígona* impõe um

OBEDIÊNCIA PROMÍSCUA

repensar da própria proibição, não apenas como uma operação negativa ou privativa do poder, mas como uma operação que funciona precisamente por meio da proliferação, do deslocamento, do próprio crime que ela condena. O tabu, e sua figuração ameaçadora do incesto, traça linhas de parentesco que ancoram o incesto como sua mais íntima possibilidade, consolidando a "aberração" no cerne da norma. Por isso, a questão que me coloco é se o tabu também pode se tornar a base de uma aberração do parentesco capaz de sobreviver socialmente, na qual as normas que governam os modos legítimos e ilegítimos de associação entre parentes possam ser redesenhadas de forma mais radical.

Antígona diz "irmão", mas será que ela quer dizer "pai? Ela proclama seu direito público de enlutar a morte do parente, mas quantos de seus parentes ela deixa de enlutar? Considerando quantos estão mortos em sua família, seria possível dizer que mãe e pai e irmã repudiada e outro irmão estão ali condensados no lugar do irmão irreproduzível? Que tipo de abordagem psicanalítica do ato de Antígona excluiria *a priori* qualquer consideração de sobredeterminação no nível do objeto? Essa equivocação produzida em relação aos termos do parentesco sinaliza um dilema decididamente pós-edipiano, no qual as posições de parentesco tendem a deslizar umas nas outras, no qual Antígona é o irmão, o irmão é o pai, e no qual isso é verdadeiro tanto psíquica quanto linguisticamente, independentemente de estarem mortos ou vivos, uma vez que quem vive em meio a esse deslize de identificações terá um destino incerto, vivendo na morte, morrendo em vida.

A REIVINDICAÇÃO DE ANTÍGONA

Pode-se simplesmente dizer, no espírito psicanalítico, que Antígona representa uma *perversão* da lei, e concluir que a lei exige que haja perversão e, em certo sentido dialético, a lei, portanto, é perversa. Entretanto, estabelecer a necessidade estrutural da perversão da lei é postular uma relação estática entre as duas, na qual uma envolve a outra e, nesse sentido, é reduzida a nada na ausência da outra. Essa forma de dialética negativa satisfaz a consideração de que a lei *se investe* de perversão, e que não é o que parecer ser. Isso, no entanto, não favorece a manifestação de outras formas possíveis de vida social, possibilidades inadvertidas produzidas pela proibição que acabam por minar a conclusão de que uma organização social invariante da sexualidade deriva necessariamente da lei proibitiva. O que acontece quando a perversão ou o impossível aparece na linguagem da lei e apresenta suas reivindicações justamente ali, na esfera do parentesco legítimo, que depende da sua exclusão ou da sua patologização?[6]

Na breve análise de Antígona proposta por Slavoj Žižek em *Enjoy Your Symptom!*,[7] o autor sugere que o "não!" de Antígona a Creonte é um ato feminino e destrutivo, cuja negatividade a leva à morte. Para ele, aparentemente, o ato masculino é mais afirmativo, como o ato pelo qual uma nova ordem é fundada (p. 46). Ao dizer "não" ao soberano, Antígona se exclui da comunidade e não pode sobreviver nesse exílio. No entanto, a reparação e a construção masculina parecem ser um esforço para encobrir essa "ruptura traumática" causada pela negação feminina. Aqui Antígona parece ser mais uma vez elevada à posição feminina (de maneira não problemática), para ser então

OBEDIÊNCIA PROMÍSCUA

considerada como aquela que constituiu a negação fundadora da pólis, o lugar da sua própria dissolução traumática que posteriormente a política tenta esconder. Mas será que Antígona simplesmente diz "não"? Há sem dúvida negações pontuando seu discurso, mas ela também se aproxima da vontade obstinada de Creonte e, por sua negação, circunscreve uma autonomia contrária. Mais adiante, Žižek esclarece que Antígona se opõe a Creonte sem dar razões, mas recorrendo a uma tautologia que nada mais é do que o nome do seu irmão: "A 'lei' em nome da qual Antígona insiste no direito de sepultamento de Polinices é essa lei do significante 'puro'... É a Lei do nome que fixa nossa identidade" (pp. 91-92). Mas será que Antígona chama o irmão pelo nome, ou será que ela o chama, no momento em que busca lhe dar preferência, por um termo do parentesco que, de fato e em princípio, é intercambiável? Será que seu irmão terá um nome algum dia?

Qual é a voz contemporânea que adentra a linguagem da lei para interromper seus mecanismos unívocos? Considere que, na situação de famílias mistas, uma criança diz "mãe" e pode esperar que mais de um indivíduo responda ao chamado. Ou que, no caso da adoção, uma criança pode dizer "pai" em referência tanto ao fantasma ausente que nunca conheceu quanto àquele que ocupa tal lugar na memória viva. A criança pode querer dizê-lo simultaneamente, ou sequencialmente, ou de maneiras que nem sempre são claramente distintas umas das outras. E, quando uma menina se apaixona pelo seu meio-irmão, em que dilema de parentesco ela se encontra? Para uma mãe solo que cria uma criança sem um homem, será que o pai ainda está ali, em uma "posição" ou "lugar" espectral que continua não preenchido, ou tal "lugar" ou "posição" não existe? Estaria o pai ausente, ou essa criança não teria nem pai, nem posição, nem quem a ocupe? Seria isso uma perda, que presume a norma não cumprida, ou seria outra configuração dos vínculos primários, cuja perda original consiste em não ter uma linguagem na qual articular seus termos? E, quando há dois homens ou duas mulheres que atuam nas funções parentais, devemos presumir que há uma divisão principal dos papéis de gênero organizando seus lugares psíquicos dentro da cena, de modo que a contingência empírica de duas pessoas generificadas do mesmo modo seja, no entanto, conformada pelo lugar psíquico pré-social da Mãe e do Pai que eles adentram? Nesses casos, faz sentido insistir que existem posições simbólicas de Mãe e Pai a serem aceitas por toda psique, qualquer que seja a forma social assumida pelo parentesco? Ou seria essa uma forma de restabelecer uma organização heterossexual da parentalidade no nível psíquico, uma reorganização que seja capaz de acomodar todos os modos de variação de gênero no nível social? Parece aqui que a própria divisão entre o psíquico ou simbólico, por um lado, e o social, por outro, ocasiona essa normalização preventiva do campo social.

É claro que escrevo isso no contexto de uma tradição substancial da teoria feminista que considerou a análise do parentesco proposta por Lévi-Strauss como base tanto para desenvolver a

OBEDIÊNCIA PROMÍSCUA

sua própria versão da psicanálise estruturalista e pós-estrutura-
lista como para formular a teorização de uma diferença sexual
primária. Uma das funções do tabu do incesto, evidentemente,
é proibir o intercâmbio sexual entre parentes, ou melhor, estabelecer relações de parentesco precisamente com base nesses
tabus. A questão, no entanto, é se o tabu do incesto também foi
mobilizado para *estabelecer* certas formas de parentesco como as
únicas inteligíveis e possíveis de viver. Assim ouvimos o legado
dessa tradição, por exemplo, na psicanálise recentemente invocada por alguns psicanalistas, em Paris, contra a perspectiva de
"contratos de aliança",* interpretados pelos conservadores como
uma proposta para o casamento gay. Embora o direito de pessoas
gays à adoção de crianças não estivesse incluído nos contratos
propostos, aqueles que se opuseram a eles temiam que estes
pudessem resultar nessa eventualidade, argumentando ainda
que quaisquer crianças criadas em uma família gay sofreriam a
ameaça imanente da psicose, como se uma estrutura, necessariamente designada como "Mãe" e necessariamente designada
como "Pai" e estabelecida em um nível simbólico, fosse um apoio
psíquico necessário contra uma agressão do Real. De forma similar, Jacques-Alain Miller argumentou que, embora estivesse
claro para ele que as relações homossexuais merecem reconhecimento, estas não deveriam ser elegíveis para o casamento, visto
que dois homens juntos, privados da presença feminina, não
seriam capazes de manter a fidelidade em seu relacionamento

---

* PaCS (Pacte Civil de Solidarité). [*N. da T.*]

A REIVINDICAÇÃO DE ANTÍGONA

(uma reivindicação que se mostra maravilhosa quando colocada diante da evidência irrefutável do poder de comprometimento do matrimônio sobre a fidelidade heterossexual). Ainda, outros psicanalistas lacanianos que atribuem as origens do autismo à "lacuna" ou "ausência paterna" também preveem consequências psicóticas para as crianças que têm mães lésbicas.

Essas perspectivas geralmente têm em comum a ideia de que os arranjos alternativos de parentesco tentam modificar as estruturas psíquicas de maneiras que resultam novamente em tragédia, retratada incessantemente como a tragédia da criança e para a criança. Independentemente do que se pense, em última instância, do valor político do casamento gay — em relação ao qual eu mesma sou cética, por razões políticas que observei em outras ocasiões —,[8] o debate público sobre sua legitimidade se torna uma ocasião para o aparecimento de um conjunto de discursos homofóbicos que devem ser enfrentados por motivos independentes. Considere que o horror ao incesto, a repulsa moral que ele suscita em alguns, não está muito distante do mesmo horror e repulsa sentidos em relação ao sexo gay e lésbico, nem está desvinculado da intensa condenação moral de quem escolhe ser pai ou mãe solo, ou da parentalidade gay, ou dos arranjos parentais em que há mais de dois adultos envolvidos (práticas que podem ser utilizadas como evidência em apoio à decisão de retirar uma criança da custódia do pai ou da mãe em vários estados dos Estados Unidos). Essas várias modalidades em que o mandato de Édipo fracassa em produzir a família normativa correm todas o risco de entrar na meto-

OBEDIÊNCIA PROMÍSCUA

nímia desse horror sexual moralizado, que talvez esteja mais fundamentalmente associado ao incesto.

A constante suposição do simbólico, de acordo com a qual normas estáveis de parentesco dão sustentação ao nosso permanente senso de inteligibilidade cultural, pode naturalmente ser encontrada fora do discurso lacaniano. Na cultura popular, ela é invocada por "especialistas" da psiquiatria e da política, com o propósito de fazer oposição às exigências legais de um movimento social que ameaça expor a aberração localizada no cerne da norma heterossexual. É certamente possível argumentar, desde uma perspectiva lacaniana, que o lugar simbólico da mãe pode ser ocupado de múltiplas maneiras, que nunca é identificado ou identificável com um indivíduo, e que é justamente isso que o distingue como simbólico. Mas por que o lugar simbólico é singular e seus habitantes são múltiplos? Ou considere o gesto liberal com o qual se afirma que o lugar do pai e o lugar da mãe são necessários, mas, ei!, lembre-se, qualquer um, de qualquer gênero, pode ocupá-los. A estrutura é puramente formal, dizem seus defensores, mas observe como seu próprio formalismo resguarda a estrutura diante de objeções críticas. O que devemos pensar de alguém que habita a forma e coloca a própria forma em crise? Se a relação entre quem habita a forma e a forma em si é arbitrária, nem por isso ela deixa de ser estruturada, e sua estrutura funciona para domesticar de antemão qualquer reformulação radical do parentesco.[9]

A figura de Antígona, entretanto, pode muito bem reforçar uma leitura que coloca essa estrutura em xeque, já que ela não

123

está em conformidade com a lei simbólica nem prefigura um restabelecimento final da lei. Ainda que enredada nos termos do parentesco, ela está, ao mesmo tempo, fora dessas normas. Seu crime se confunde com o fato de que a linha de parentesco da qual ela descende, e que ela transmite, deriva de uma posição paterna que, por sua vez, já se confunde com o ato manifestamente incestuoso que constitui a condição de sua própria existência, que faz de seu irmão seu pai, que dá início a uma narrativa na qual ela ocupa, linguisticamente, todas as posições de parentesco, *exceto* a de "mãe", e as ocupa sacrificando a coerência do parentesco e do gênero.

Embora não seja propriamente uma heroína *queer*, Antígona traz o emblema de certa fatalidade heterossexual que ainda precisa ser relida. Ainda que alguns possam concluir que o destino trágico sofrido por ela é o destino trágico de qualquer pessoa que venha a transgredir as linhas de parentesco que conferem inteligibilidade à cultura, seu exemplo, por assim dizer, gera uma intervenção crítica em um sentido contrário: o que em seu ato é fatal para a heterossexualidade no sentido normativo? E que outras formas de organizar a sexualidade poderiam surgir a partir de uma consideração dessa fatalidade?

Seguindo escolas de antropologia cultural modeladas segundo a análise marxiana e o famoso estudo de Engels sobre a origem da família, uma escola de antropólogas feministas se distanciou do modelo lévi-straussiano — uma crítica provavelmente ilustrada com mais vigor por Gayle Rubin,[10] Sylvia Yanagisako, Jane Collier, Michelle Rosaldo[11] e David Schneider.[12] A crítica à interpretação estruturalista, no entanto, não marca o fim do parentesco em si. Entendido como um conjunto socialmente alterável de arranjos, desprovido de características estruturais culturalmente transversais que poderiam ser totalmente extraídas de suas operações sociais, o parentesco designa qualquer quantidade de arranjos sociais que organiza a reprodução da vida material, que podem incluir a ritualização do nascimento e morte, que proporcionam laços de alianças íntimas estáveis e, ao mesmo tempo, frágeis, e regulam a sexualidade por meio de sanções e tabus. Na década de 1970, as feministas socialistas tentaram lançar mão da análise social inabalável do parentesco para mostrar que não existe, na natureza, base definitiva para a estrutura familiar normativa, heterossexual e monogâmica, e agora podemos acrescentar que também não existe uma base semelhante na linguagem. Vários projetos utópicos de reformulação ou eliminação da estrutura familiar se tornaram componentes relevantes do movimento feminista e, até certo ponto, sobreviveram também nos movimentos *queer* contemporâneos, apesar do apoio ao casamento gay.

Considere, por exemplo, *All Our Kin*, de Carol Stack, no qual a autora demonstra que, apesar dos esforços do governo para etiquetar famílias desprovidas de pai como disfuncionais, os arranjos de parentesco que encontramos em comunidades negras urbanas, representados por mães, avós, tias, irmãs e amigas que trabalham juntas para criar seus filhos e reproduzir as condições materiais de existência, são altamente funcionais e seria um erro grosseiro descrevê-las a partir do padrão anglo-

A REIVINDICAÇÃO DE ANTÍGONA

-americano de normalidade familiar.[13] A luta para legitimar o parentesco afro-americano remonta, é claro, à escravidão. *Escravidão e morte social*, livro de Orlando Patterson, apresenta a importante tese de que o parentesco foi uma das instituições aniquiladas pela escravização da população afro-americana.[14] O senhor de escravizados era invariavelmente proprietário das famílias dos escravizados, agindo como patriarca que podia estuprar e coagir as mulheres da família e feminizar os homens; as mulheres, nessas famílias de escravizados, não recebiam proteção de seus próprios homens, e os homens eram incapazes de exercer seu papel de proteger e chefiar a família. Ainda que Patterson, em certos momentos, faça parecer que o principal delito contra o parentesco foi a erradicação dos direitos parentais de mulheres e crianças em famílias de escravizados, ele propõe o importante conceito da "morte social" para descrever esse aspecto da escravidão em que os escravizados são tratados como mortos em vida.

O termo "morte social" [*social death*] é aquele que Patterson confere à condição de um ser vivo radicalmente privado de todos os direitos que deveriam, supostamente, ser concedidos a todo e qualquer ser humano vivo. O que ainda não foi questionado em seu ponto de vista, e, a meu ver, ressurge em seus posicionamentos atuais sobre políticas relacionadas à família, é exatamente sua objeção aos homens escravizados serem privados, em razão da escravidão, de uma posição patriarcal patentemente "natural" na família. Certamente, a maneira como Patterson mobiliza Hegel sustenta esse argumento. Vários anos atrás, An-

OBEDIÊNCIA PROMÍSCUA

gela Davis formulou uma hipótese radicalmente diferente em *The Black Scholar*, ao enfatizar a vulnerabilidade das mulheres negras ao estupro, tanto na instituição da escravidão quanto na época posterior, e afirmou que a família não constituiu uma proteção adequada contra a violência racial sexualizada.[15] Além disso, na obra de Lévi-Strauss, pode-se verificar um deslizamento implícito entre a sua análise dos grupos de parentesco, aos quais ele se refere como clãs, e seus escritos subsequentes sobre raça e história, nos quais as leis que regem a reprodução de uma "raça" se tornam indissociáveis da reprodução da nação. Nesses últimos escritos, ele insinua que as culturas mantêm uma coerência interna precisamente por meio de regras que garantem a sua reprodução, e, embora ele não considere a proibição da miscigenação, tal proibição parece estar pressuposta em sua descrição de culturas autorreplicantes.[16]

Na antropologia, a crítica do parentesco tem se concentrado na ficção das linhagens consanguíneas, que vieram a servir de base para os estudos sobre o parentesco ao longo do último século. No entanto, a dissolução dos estudos de parentesco como um campo de interesse ou legítimo da antropologia não precisa levar a uma destituição total do parentesco. Kath Weston esclarece esse ponto em seu livro *Families We Choose*, no qual substitui os laços de sangue como fundamento do parentesco pela afiliação consensual.[17] Podemos ver novos modos de parentesco também em outras formas, nas quais o consentimento é menos saliente que a organização social da necessidade: algo como o sistema de companheiros [*buddy system*] criado pela Gay

Men's Health Clinic, em Nova York, para cuidar de pessoas que vivem com HIV e aids, que de forma semelhante também seria qualificado como parentesco, apesar da imensa dificuldade para que instituições jurídicas e de saúde reconheçam a condição de parentesco dessas relações. É uma situação observável, por exemplo, na impossibilidade de assumir responsabilidade médica mútua ou, ainda, de ter permissão para receber e enterrar quem tenha falecido.

Essa perspectiva de parentesco radical, que tentou estender a legitimidade a uma série de formas de parentesco e que, de fato, rejeita a redução do parentesco à família, foi objeto de críticas por algumas feministas no período posterior à "revolução sexual" da década de 1960, produzindo, eu diria, um conservadorismo teórico atualmente em tensão com as políticas sexuais radicais contemporâneas. É por isso que hoje seria difícil, por exemplo, depararmo-nos com um encontro frutífero entre os novos formalismos lacanianos e as políticas *queer* radicais de teóricos como Michael Warner e colegas seus, dentre outros. Os primeiros, por um lado, insistem em ideias fundamentais de diferença sexual, baseadas em regras que proíbem e regulam as trocas sexuais, e que só podem ser violadas para que, em seguida, nos vejamos mais uma vez sob sua regulação. As políticas *queer* radicais, por outro lado, colocam em questão formas de fundacionalismo sexual que engessam formas viáveis de aliança sexual *queer* ao tratá-las como ilegítimas ou, de fato, impossíveis e inviáveis. Em seu extremo, as políticas sexuais radicais se voltam contra a psicanálise ou, mais exatamente,

OBEDIÊNCIA PROMÍSCUA

contra sua normatividade implícita, enquanto os neoformalistas se voltam contra os estudos *queer* como uma empreitada "tragicamente" utópica.

Lembro-me de ouvir histórias sobre como as socialistas radicais, ao rejeitarem a monogamia e a estrutura familiar no começo dos anos 1970, chegaram ao final da mesma década enchendo os consultórios de psicanálise e levando suas dores para o divã. A meu ver, parecia que a opção de recorrer à psicanálise e, em particular, à teoria lacaniana era impulsionada, em parte, pelo fato de que algumas dessas socialistas se deram conta da existência de algumas limitações à prática sexual necessárias para a sobrevivência psíquica, e o esforço utópico de eliminar tais proibições muitas vezes culminava em cenas de dor psíquica severa. A subsequente virada para uma perspectiva lacaniana me pareceu um distanciamento em relação a uma abordagem altamente construtivista e maleável de uma lei social que trata a regulação sexual, em favor de uma abordagem que pressupõe a existência de uma lei pré-social, o que Juliet Mitchell certa vez chamou de "lei primordial" (algo que ela não diz mais), a lei do Pai, que estabelece limites para a variabilidade das formas sociais e que, em sua forma mais conservadora, impõe uma conclusão exogâmica e heterossexual ao drama edipiano. O fato de que essa limitação é compreendida além da alteração social, por constituir a condição e o limite de toda alteração social, revela algo do estatuto teológico assumido por ela. Embora essa posição muitas vezes se apresse em argumentar que, ainda que haja uma conclusão normativa para o drama edipiano, a norma

A REIVINDICAÇÃO DE ANTÍGONA

não pode existir sem perversão, apenas através da perversão é possível que a norma seja estabelecida. Supõe-se que todos deveríamos nos satisfazer com esse gesto aparentemente generoso pelo qual se anuncia que a perversão é essencial para a norma. O problema, a meu ver, é que a perversão permanece enterrada justamente como característica essencial e negativa da norma, e a relação entre as duas permanece estática, sem deixar espaço para qualquer rearticulação da própria norma.

Se seguirmos esse raciocínio, talvez seja interessante notar que Antígona, personagem que conclui o drama edipiano, fracassa em produzir uma conclusão heterossexual para esse drama, o que poderia indicar um caminho para uma teoria psicanalítica que a tome como ponto de partida. Ela certamente não assume uma outra sexualidade que *não* seja heterossexual, mas parece desinstitucionalizar a heterossexualidade ao se recusar a fazer o necessário para continuar viva para Hêmon, ao se recusar a se tornar mãe e esposa, ao escandalizar o público com seu gênero oscilante, ao abraçar a morte como seu leito nupcial, identificando sua tumba como um "lar profundamente escavado" (*kataskaphes oikesis*). Se o amor ao qual ela se dirige ao caminhar para a morte é o amor por seu irmão e, ambiguamente, por seu pai, ele é também um amor que só pode ser consumado se for anulado, o que é uma forma de não o consumar. Como o leito nupcial é recusado em vida e procurado na morte, ele assume um caráter metafórico e, como metáfora, seu significado convencional é transmutado em outro decididamente não convencional. Se a tumba é o leito nupcial, e a tumba é escolhida em vez do casamento, então a tumba significa a própria destruição do casamento, e a expressão "leito nupcial" (*numpheion*) representa precisamente a negação de sua própria possibilidade. A palavra destrói seu objeto. Ao se referir à instituição que ela nomeia, a palavra opera a destruição da instituição. Não seria essa operação de ambivalência na linguagem que põe em questão o controle soberano de Antígona sobre suas ações?

Por mais que Hegel reivindique que Antígona aja sem inconsciente, talvez o dela seja um inconsciente que deixe seus rastros de uma forma diferente e que se torne legível precisamente em seus traços de referencialidade. Sua prática de nomear, por exemplo, acaba por desfazer seus próprios propósitos aparentes. Quando ela reivindica agir de acordo com uma lei que prioriza seu irmão mais precioso, e ela parece se referir a "Polinices" com essa descrição, acaba por dizer mais do que pretende, já que esse irmão poderia ser Édipo e poderia ser Etéocles, e não há nada na terminologia do parentesco que possa restringir com êxito seu escopo de referencialidade a uma única pessoa, Polinices. Em um determinado momento, o coro tenta lembrá-la de que ela tem mais de um irmão, mas ela segue insistindo na singularidade e na não reprodutibilidade desse termo de parentesco. Ela realmente tenta restringir a reprodutibilidade da palavra "irmão" e ligá-la exclusivamente à pessoa de Polinices, mas só pode fazê-lo manifestando incoerência e inconsistência.[18] O termo continua a se referir àqueles outros que Antígona excluiria de sua esfera de aplicação, e ela não pode reduzir a terminologia do parentesco ao nominalismo. Sua própria linguagem exacerba e derrota o

A REIVINDICAÇÃO DE ANTÍGONA

desejo que ela afirma, manifestando assim algo do que está além de suas intenções, algo que pertence ao destino particular que o desejo sofre na linguagem. Assim, ela é incapaz de capturar a singularidade radical do irmão por meio de um termo que, por definição, deve ser transponível e reprodutível para poder significar algo. Dessa forma, a linguagem dispersa o desejo que Antígona procura vincular ao irmão, amaldiçoando-a, por assim dizer, com uma promiscuidade que ela não pode conter.

Dessa maneira, Antígona não alcança o efeito de soberania que aparentemente busca, e sua ação não é plenamente consciente. Ela é impulsionada pelas palavras que pesam sobre ela, palavras de seu pai, que condenam os filhos de Édipo a uma vida que não deveria ter sido vivida. Entre a vida e a morte, Antígona agora vive na tumba antes mesmo de ser exilada ali. Sua punição precede seu crime, e o seu crime se torna a ocasião para a realização literal da punição.

Como podemos entender esse estranho lugar em que se está entre a vida e a morte, lugar em que se fala precisamente a partir desse limite vacilante? Se Antígona está de certa forma morta, e ainda assim fala, ela é justamente aquela que não tem lugar, mas que ainda assim procura reivindicar um dentro do discurso, o ininteligível que emerge no inteligível, uma posição dentro do parentesco que não é uma posição.

Por mais que Antígona tente capturar o parentesco por meio de uma linguagem que desafie a transponibilidade dos termos do parentesco, sua linguagem perde consistência — mas a força da sua reivindicação não se perde por esse motivo. O tabu do incesto não serviu para foracluir o amor entre Édipo e Jocasta, e vacila novamente para Antígona. A condenação se segue ao ato de Édipo e seu reconhecimento, enquanto, para Antígona, a condenação funciona como uma foraclusão, excluindo desde o início qualquer forma de vida e de amor que ela pudesse ter tido.

Quando o tabu do incesto age *nesse sentido* para foracluir um amor que não é incestuoso, produz-se um domínio obscuro de amor, um amor que persiste, apesar de sua foraclusão, em um modo ontologicamente suspenso. O que surge é uma melancolia que trata de viver e de amar fora do vivível e fora do campo do amor, onde a falta de sanções institucionais força a linguagem a uma catacrese perpétua, não apenas mostrando como um termo pode continuar a ter significado fora de seus limites convencionais, mas também como essa forma obscura de significação pode minar uma vida ao privá-la do seu sentido de certeza e durabilidade ontológica dentro de uma esfera política constituída publicamente.

Aceitar essas normas como coextensivas à inteligibilidade cultural é aceitar uma doutrina que se torna o próprio instrumento por meio do qual essa melancolia é produzida e reproduzida no nível cultural. E, em parte, ela é superada justamente por meio do escândalo repetido com que o indizível se faz ouvir, tomando emprestado e explorando os próprios termos que deveriam impor seu silêncio.

Dizemos que as famílias que não se aproximam da norma, mas a refletem de algum modo aparentemente derivativo, são cópias de má qualidade, ou aceitamos que a idealidade da norma é desfeita precisamente pela complexidade de sua presentificação? Para as relações cuja legitimidade é negada, ou que exigem novos termos de legitimação, não estão nem vivas nem mortas, elas representam o não humano no limite do humano. E não se trata simplesmente de essas relações não poderem ser honradas nem reconhecidas abertamente, e de sua perda não poder ser enlutada publicamente, mas trata-se de que relações envolvem pessoas que também encontram restrições no próprio ato do luto, a quem é negado o poder de conferir legitimidade à perda. Nessa peça, pelo menos, os parentes de Antígona são condenados antes de seu crime, e a condenação que ela sofre repete e amplia a condenação que anima suas ações. Como se pode enlutar uma perda a partir da presunção da criminalidade, da presunção de que nossos atos são invariável e fatalmente criminosos?

Considere que Antígona está buscando enlutar uma perda, enlutar aberta e publicamente uma perda, sob condições nas quais o luto está explicitamente proibido por um decreto, um decreto que presume a criminalidade de enlutar a perda de Polinices e que nomeia como criminoso qualquer um que coloque em questão a autoridade do decreto. No caso de Antígona, enlutar abertamente a morte é um crime em si mesmo. Mas será ela culpada apenas por conta das palavras que pesam sobre si, palavras que vêm de outro lugar, ou será que ela também buscou destruir e repudiar os próprios laços de parentesco que ela agora reivindica o direito de enlutar? Antígona enluta a perda

OBEDIÊNCIA PROMÍSCUA

do irmão, mas parte do que fica por dizer nesse luto é o luto pelo pai e, com efeito, por seu outro irmão. Sua mãe permanece quase totalmente indizível, e praticamente não há vestígios de tristeza por sua irmã, Ismene, a quem repudiou explicitamente. O "irmão" não é um lugar único para Antígona, ainda que seja perfeitamente possível dizer que todos os seus irmãos (Édipo, Polinices e Etéocles) estão condensados no corpo exposto de Polinices, uma exposição que Antígona busca cobrir, uma nudez que ela preferiria não ver ou não ter visto. O decreto exige que o cadáver permaneça exposto e não seja enlutado, e, por mais que Antígona tente contornar o decreto, não fica totalmente claro tudo que ela lamenta, nem se o ato público que realiza pode ser o lugar da sua resolução. Antígona diz que seu lamento é por seu irmão, Polinices; ela insiste em sua singularidade, mas mesmo essa insistência é suspeita. Assim, a insistência na singularidade de seu irmão, em sua radical irreprodutibilidade, contrasta com o luto que Antígona não consegue realizar por seus outros dois irmãos, aqueles que ela não consegue reproduzir publicamente para nós. Aqui parece que a proibição do luto não é uma simples imposição a ela, mas uma ordenação compulsória que se dá independentemente, sem pressão direta da lei pública.

A melancolia de Antígona, se assim podemos chamá-la, parece consistir nessa recusa ao luto, que se cumpre por meio dos próprios termos públicos com que ela insiste em seu direito de enlutar a morte. Talvez a reivindicação desse direito seja o signo de uma melancolia latente em seu discurso. Suas sono-

A REIVINDICAÇÃO DE ANTÍGONA

ras proclamações de enlutamento pressupõem um domínio do não passível de luto. Sua insistência em enlutar publicamente é o que a afasta do gênero feminino, aproximando-a da *hýbris*, daquele excesso caracteristicamente masculino que faz com que os guardas, o coro e Creonte questionem: quem é o homem aqui? Parecem existir aqui homens espectrais, habitados pela própria Antígona, os irmãos cujo lugar ela passou a ocupar e cujo lugar ela transforma pelo próprio ato de ocupá-lo. O melancólico, Freud nos diz, registra o próprio luto, apresenta uma reivindicação jurídica na qual a linguagem se torna o acontecimento do luto, no qual, surgindo do indizível, a linguagem é portadora de uma violência que a leva aos limites do que é possível pronunciar.

Devemos perguntar o que resta de indizível aqui, não para produzir um discurso que preencha o vazio, mas para colocar o problema da convergência da proibição social e da melancolia, de como as condenações sob as quais se pode viver se transformam em performances de repúdio, e como os processos de luto que emergem contra a lei pública constituem também esforços conflituosos para que se supere a raiva emudecida de nossos próprios repúdios. Ao confrontar o indizível em *Antígona*, será que estamos confrontando uma foraclusão socialmente instituída do inteligível, uma melancolia socialmente instituída na qual a vida ininteligível surge na linguagem, assim como um corpo vivo pode ser enterrado em uma tumba?

Giorgio Agamben observou que vivemos cada vez mais em uma época em que existem populações sem cidadania plena

OBEDIÊNCIA PROMÍSCUA

vivendo dentro dos Estados; seu estatuto ontológico como sujeitos legais é suspenso. Essas são vidas que não estão sendo destruídas pelo genocídio, mas que tampouco adentraram a vida da comunidade legítima, na qual há padrões de reconhecimento que permitem alcançar a condição humana.[19] Como podemos entender esse domínio, descrito por Hannah Arendt como "domínio sombrio", que assombra a esfera pública e é excluído da constituição pública do humano, mas que é humano em um sentido aparentemente catacrético do termo?[20] Como devemos, afinal, entender o dilema da linguagem que surge quando o "humano" assume um duplo sentido, o normativo, baseado na exclusão radical, e o que surge na esfera do excluído, não negado, não morto, talvez morrendo lentamente, sim, certamente morrendo de uma falta de reconhecimento, morrendo, isto sim, da circunscrição prematura das normas por meio das quais o reconhecimento como humano pode ser conferido, um reconhecimento sem o qual o humano não pode se configurar como ser, devendo permanecer apartado do ser, como aquele que não se qualifica como o que é e pode ser? Não seria isso uma melancolia da esfera pública?

Arendt, é claro, fez uma distinção problemática entre o público e o privado, argumentando que na Grécia clássica apenas o público constituía a esfera do político e que o privado era mudo, violento e fundamentado no poder despótico do patriarca. Obviamente, ela não explicou como poderia existir um despotismo pré-político, ou como o "político" deveria se expandir para descrever o estatuto de uma população do aquém do humano, a quem não foi permitido o acesso à cena interlocutória da esfera pública, na qual o humano é constituído por meio de palavras e ações, e, com ainda mais força, constituído quando suas palavras se tornam ações. O que ela falhou em ler em *A condição humana* foi precisamente a forma com que os limites entre as esferas pública e política foram assegurados por meio da produção de um fora constitutivo. E o que ela não explicou foi o elo mediador entre as esferas pública e privada proporcionado pelo parentesco. Os escravizados, as mulheres, as crianças, todos aqueles que não eram homens proprietários não tinham acesso à esfera pública em que o humano se constituía por meio de atos linguísticos. O parentesco e a escravidão condicionam, portanto, a esfera pública do humano e permanecem fora dos seus termos. Será esse, entretanto, o fim da história?

Então, quem é Antígona nesse cenário? O que devemos fazer de suas palavras, palavras que se tornam acontecimentos dramáticos, atos performativos? Ela não é do domínio do humano, mas fala por meio da linguagem do humano. Proibida de agir, ela, contudo, age, e seu ato não é uma mera assimilação a uma norma existente. E quando age, como alguém que não tem o direito de agir, ela subverte o vocabulário do parentesco que é uma precondição do humano, levando-nos implicitamente a questionar quais devem ser realmente essas precondições. Antígona fala a linguagem do direito da qual está excluída, participando da linguagem da reivindicação de direitos com a qual não é possível uma identificação final. Se ela é humana, então o humano entrou em catacrese: já não sabemos mais qual

OBEDIÊNCIA PROMÍSCUA

o seu uso adequado. E, na medida em que Antígona ocupa a linguagem que nunca pode lhe pertencer, ela funciona como um quiasma no vocabulário das normas políticas. Se o parentesco é a precondição do humano, Antígona é a ocasião para um novo campo do humano, alcançado pela catacrese política, aquele que se instaura quando o aquém do humano fala como humano, quando o gênero é deslocado e o parentesco afunda em suas próprias leis fundadoras. Ela age, fala e se torna alguém cujo ato de fala é um crime fatal, mas essa fatalidade excede sua vida e adentra o discurso de inteligibilidade sob a forma de fatalidade promissora, a forma social de seu futuro aberrante, sem precedentes.

AGRADECIMENTOS

Estas conferências foram originalmente proferidas em três ocasiões: como Wellek Library Lectures, na Universidade da Califórnia, em Irvine, em maio de 1998; como Messenger Lectures, na Universidade de Cornell, em setembro de 1998; e como Christian Gauss Seminars, na Universidade de Princeton, em novembro de 1998. Sou imensamente grata às pessoas que estiveram presentes em cada um desses encontros por seus muitos comentários úteis. Gostaria também de agradecer à Fundação Guggenheim pelo financiamento concedido para fazer uma revisão substancial do manuscrito no primeiro semestre de 1999. Também gostaria de agradecer imensamente a Liana Theradoutou por ter ajudado com o texto grego, bem como a Mark Griffith por ter chamado minha atenção para nuances da peça em seu contexto clássico, além de ter compartilhado comigo parte de seu profundo conhecimento sobre *Antígona*. Quaisquer erros aqui presentes, é claro, são exclusivamente de minha responsabilidade. Também agradeço a Michael Wood por sua leitura atenta do manuscrito, a Mark Poster por suas importantes críticas, a Jonathan Culler por seu sempre valioso

A REIVINDICAÇÃO DE ANTÍGONA

compromisso com o trabalho, a Joan W. Scott pelas provocações que acompanham nossa amizade de longa data, a Drucilla Cornell por insistir em formas diferentes de parentesco, a Wendy Brown por trabalhar os fundamentos comigo, a Anna Tsing por ter se dedicado com destreza a uma versão anterior do argumento, e a Bettina Mencke por seus comentários perspicazes a respeito do projeto no Fórum Einstein em Berlim, em junho de 1997. Às alunas e aos alunos do Berkeley Summer Research Institute, em 1999, assim como aos que participaram do seminário de Literatura Comparada sobre *Antígona* no segundo semestre de 1998, que leram com inteligência, entusiasmo e olhar crítico todas as versões iniciais dos textos aqui abordados. Também agradeço aos estudantes e professores do Berkeley Summer Research Seminar de 1999 por suas maravilhosas interpretações do material. Agradeço especialmente a Stuart Murray, que me ajudou na preparação final do documento de maneira decisiva. Sua contribuição foi inestimável para mim. Agradeço também a Anne Wagner por ter me apresentado o trabalho de Ana Mendieta, e a Jennifer Crewe por sua paciência editorial. Por seu apoio, agradeço a Fran Bartkowski, Homi Bhabha, Eduardo Cadava, Michel Feher, Carla Freccero, Janet Halley, Gail Hershatter, Debra Keates, Biddy Martin, Ramona Naddaff, Denise Riley e Kaja Silverman.

NOTAS

PREFÁCIO
JUDITH BUTLER E ANTÍGONA: A DESOBEDIÊNCIA
COMO DEVER ÉTICO

1. Sérgio Buarque de Holanda, *Raízes do Brasil* (Rio de Janeiro: Companhia das Letras, 1995, p. 141).

2. Judith Butler, *Vida precaria: el poder del duelo y de la violencia* (Barcelona; Buenos Aires; México: Paidós, 2006) [Ed. bras.: *Vida precária: Os poderes do luto e da violência*. Trad. Andreas Lieber. Belo Horizonte: Autêntica, 2019] e Judith Butler, *Marcos de guerra: Las vidas lloradas* (Buenos Aires: Paidós, 2010) [Ed. bras.: *Quadros de guerra: quando a vida é passível de luto?* Trad. Sérgio Lamarão e Arnaldo Marques da Cunha. Rio de Janeiro: Civilização Brasileira, 2015].

3. Judith Butler, *Vida precaria: el poder del duelo y de la violencia* (Barcelona; Buenos Aires; México: Paidós, 2006).

4. Judith Butler, *Marcos de guerra: las vidas lloradas* (Buenos Aires: Paidós, 2010).

Capítulo 1. A reivindicação de Antígona

1. Ver Luce Irigaray, "The Eternal Irony of the Community", em *Speculum of the Other Woman*. Trad. Gillian Gill (Ítaca: Cornell University Press, 1985); "The Universal as Mediation" e "The Female Gender", em *Sexes and Genealogies*. Trad. Gillian Gill (Nova York: Columbia University Press, 1993); "An Ethics of Sexual Difference", em *An Ethics of Sexual Difference*. Trad. Carolyn Burke e Gillian Gill (Londres: The Athlone Press, 1993).

2. Meu texto não considera a figura de "Antígona" no mito grego nem em outras tragédias clássicas ou modernas. A figura à qual me refiro restringe-se ao modo como ela aparece textualmente nas tragédias de Sófocles *Antígona*, *Édipo em Colono* e, de forma indireta, *Édipo rei*. Para uma abordagem mais exaustiva da figura de Antígona, ver George Steiner, *Antigones* (reimpressão, New Haven: Yale University Press, 1996) [Ed. port.: *Antígonas*. Trad. Miguel Serras Pereira. Lisboa: Relógio D'Água, 1995].

3. Ver Patricia Mills, org., *Feminist Interpretations of Hegel* (College Park: Pennsylvannia State, 1996), em particular a contribuição da própria Mills para a antologia. Ver também Carol Jacobs, "Dusting Antigone" (*MNL* 3, nº 5 [1996], pp. 890-917), um excelente ensaio sobre Antígona que aborda as interpretações que Irigaray faz de *Antígona* e mostra a impossibilidade de representação expressa pela figura de Antígona.

NOTAS

4. G. W. F. Hegel. *The Phenomenology of Spirit*. Trad. A. V. Miller (Londres: Oxford University Press, 1977). pp. 266ff. Todas as citações virão dessa edição e do alemão: *Phänomenologie des Geistes. Werke 3* (Frankfurt: Suhrkamp Verlag, 1970) [Ed. bras.: *Fenomenologia do espírito*. Trad. Paulo Meneses. Petrópolis: Vozes, 2013].

5. Jacques Lacan, *The Seminar of Jacques Lacan, Book VII: The Ethics of Psychoanalysis*, 1959-60, org. Jacques-Alain Miller. Trad. Dennis Porter (Nova York: Norton, 1992), pp. 243--290 [Ed. bras.: *O seminário, livro 7: a ética da psicanálise*. Trad. Antonio Quinet. Rio de Janeiro: Zahar, 2008].

6. Kaja Silverman se destaca entre os teóricos lacanianos por insistir que a lei do parentesco e a lei do discurso devem ser consideradas separadamente. Ver Kaja Silverman, *Male Subjectivity at the Margins* (Nova York: Norton, 1992).

7. Para uma interessante discussão de como a identificação do público com a tragédia pode mudar, ver Mark Griffith, "Introduction", *Sophocles Antigone* (Cambridge: Cambridge University Press, 1999), pp. 58-66.

8. Aqui deve ficar claro que concordo substancialmente com Peter Euben quando ele afirma que "as polaridades entre casa e cidade, natureza e cultura, mulher e homem, *eros* e razão, lei divina e lei humana não são mais persuasivas como alicerce interpretativo do ponto de vista da caracterização de Antígona do que [o são] do ponto de vista da caracterização de Creonte"; ver Peter Euben, "Antigone

and the Languages of Politics", em *Corrupting Youth: Political Education, Democratic Culture, and Political Theory* (Princeton: Princeton University Press, 1997), p. 170. Victor Ehrenberg, em *Sophocles and Pericles* (Oxford: Basil Blackwell, 1954), pp. 28-34, vai além desta visão e em oposição a ela: Antígona é criminosa apenas na medida em que ocupa um espaço de tensão dentro de uma ambiguidade da lei. Jean-Pierre Vernant e Pierre Vidal-Naquet argumentam que "das duas atitudes religiosas projetadas em *Antígona*, nenhuma pode ser, por si só, a correta, a menos que ofereça à outra o lugar que lhe cabe, a menos que reconheça aquilo que a limita e a põe em questão"; ver "Tensions and Ambiguities in Greek Tragedy", em *Myth and Tragedy in Ancient Greece*. Trad. Janet Lloyd (Nova York: Zone Books, 1990), p. 41 [Ed. bras.: *Mito e tragédia na Grécia Antiga*. Trad. Anna Lia A. de Almeida *et al*. São Paulo: Perspectiva, 1999].

9. Para um artigo muito interessante que propõe uma chave interpretativa psicanalítica para a análise das relações incestuosas de Antígona, ver Patricia J. Johnson, "Woman's Third Face: A Psychosocial Reconsideration of Sophocles' *Antigone*", em *Arethusa* 30, 1997, pp. 369-398.

10. Para uma leitura estruturalista da peça, que propõe uma oposição constante entre Creonte e Antígona, ver Charles Segal, *Interpreting Greek Tragedy: Myth, Poetry, Text* (Ítaca: Cornell University Press, 1986).

NOTAS

11. Froma Zeitlin traz uma contribuição importante para o problema do enterro em *Antígona* e *Édipo em Colono*, argumentando que, no primeiro caso, Creonte efetivamente obscurece a linha entre a vida e a morte que o ato do enterro supostamente delineia. "A recusa do enterro", ela comenta, "ofende uma ordem cultural inteira, [...] mas também pode ser interpretada como uma ofensa contra o próprio tempo" (p. 152). Para Zeitlin, Antígona supervaloriza a morte e obscurece a distinção entre a vida e a morte de outra perspectiva. Com perspicácia, argumenta que "o desejo de Antígona de morrer antes da hora é também uma regressão às origens ocultas da família à qual pertence" (p. 153). Ver Froma Zeitlin, "Thebes: Theatre of Self and Society," reimpresso em John J. Winkler e Froma Zeitlin, *Nothing to do with Dionysos? Athenian Drama in its Social Context* (Princeton: Princeton University Press, 1990), pp. 150-167.

12. Nicole Loraux ressalta que o luto não apenas é uma tarefa das mulheres, mas algo que é idealmente praticado no âmbito doméstico. Quando o luto das mulheres se toma público, a ordem cívica é ameaçada pelo risco de uma perda de "si". Para suas observações breves, porém perspicazes, sobre o enterro em *Antígona*, ver Nicole Loraux, *Mothers in Mourning*. Trad. Corinne Pache (Ítaca: Cornell University Press, 1998), pp. 25-27, 62-64 (*Les mères en deuil*, Paris, Le Seuil, 1990.) De Loraux, ver também "La main d'Antigone; *Métis*, I, (1986), 1994-1995.

A REIVINDICAÇÃO DE ANTÍGONA

13. Para uma excelente discussão do lugar e estilo de fala performativa nos discursos públicos em Atenas, ver Josiah Ober, *The Athenian Revolution: Essays on Ancient Greek Democracy and Political Theory* (Princeton: Princeton University Press, 1996), particularmente os capítulos 3 e 4. Para um ótimo e perspicaz ensaio sobre o performativo em *Antígona*, ver Timothy Gould, "The Unhappy Performative", em *Performativity and Performance*, org. Andrew Parker e Eve Kosovsky Sedgwick (Nova York: Routledge, 1995), pp. 19-44.

14. Hegel aborda a questão de Antígona em três análises distintas e nem sempre mantém uma interpretação consistente do significado da tragédia: na *Fenomenologia do espírito*, que é o foco da discussão dos dois primeiros capítulos deste livro; na *Filosofia do direito*, na qual ele argumenta que a família deve existir em uma relação recíproca com o Estado; e em diferentes momentos da *Estética*, mas com mais foco no segundo volume, na seção final sobre "Poesia", na subseção intitulada "O desenvolvimento concreto da poesia dramática e suas espécies". Neste último contexto, ele defende que tanto Creonte quanto Antígona constituem figuras trágicas "no poder daquilo que combatem". Ao contrário da análise consideravelmente elíptica da tragédia proposta na *Fenomenologia do espírito*, em que Creonte toma o lugar de Antígona, aqui os dois são colocados em uma relação mútua de tragédia: "Assim, em ambos está imanente aquilo que, a seu próprio modo, atacam, de

NOTAS

forma que são tomados e devastados por algo intrínseco a sua própria existência." Hegel conclui a discussão com um elogio efusivo à peça: "*Antígona* me parece a obra de arte mais magnífica e prazerosa de sua classe." Ver *Aesthetics: Lectures on Fine Art, Volume II.* Trad. T. M. Knox (Oxford: Clarendon Press, 1975), pp. 1217-1218 [Ed. bras.: *Cursos de estética, Volume IV.* Trad. Marco Aurélio Werle e Oliver Tolle. São Paulo: Edusp, 2004].

No ensaio "The Woman in White: On the Reception of Hegel's 'Antigone'" (*The Owl of Minerva*, 21, nº 1 [segundo semestre de 1989]: 65-89), Martin Donougho argumenta que a leitura hegeliana de Antígona foi a mais influente do século XIX, contestada talvez mais vigorosamente por Goethe, que expressou seu ceticismo em cartas a Eckermann. Nestas, Goethe questiona a centralidade da tensão entre família e Estado na peça, sugerindo que a relação incestuosa entre Antígona e Polinices estava longe de ser um modelo de horizonte "ético" (p. 71).

15. Naturalmente, as mulheres não desfrutavam do estatuto de cidadãs na Atenas clássica, ainda que essa cultura cívica fosse permeada por valores de feminilidade. Para uma análise bastante útil desse paradoxo, ver Nicole Loraux, *The Children of Athena: Athenian Ideas about Citizenship and the Division Between the Sexes.* Trad. Caroline Levine (Princeton: Princeton University Press, 1993).

16. Claude Lévi-Strauss, *The Elementary Structures of Kinship*, org. Rodney Needham. Trad. James Harle Bell e John

Richard Von Sturmer (Boston: Beacon Press, 1969); *Les structures élémentaires de la parenté* (Paris: Mouton, 1967) [Ed. bras.: *As estruturas elementares do parentesco*. Trad. Mariano Ferreira. Petrópolis: Vozes, 2012]. As citações presentes nesse texto se referem primeiro à paginação da obra em inglês e em seguida à edição em francês.

17. Para uma crítica aguçada, ainda que breve, da distinção natureza/cultura em relação ao tabu do incesto, que se mostra, ao mesmo tempo, fundacional e impensável, ver Jacques Derrida, "Structure, sign, and play", em *Writing and Difference*. Trad. Alan Bass (Chicago: University of Chicago Press, 1978), em especial pp. 282-284 [Ed. bras.: "A estrutura, o signo e o jogo no discurso das ciências humanas", em *A escritura e a diferença*. Trad. Maria Beatriz Nizza da Silva, Pedro Leite Lopes e Pérola Carvalho. São Paulo: Perspectiva, 2011].

18. Ver também a breve discussão de George Steiner sobre os laços incestuosos entre irmãos, de 1780 a 1914, em *Antigones*, pp. 12-15.

19. Martha C. Nussbaum, *The Fragility of Goodness: Luck and Ethics in Greek Tragedy and Philosophy* (Cambridge: Cambridge University Press, 1986), p. 59 [Ed. bras.: *A fragilidade da bondade: fortuna e ética na tragédia e na filosofia grega*. Trad. Ana Aguiar Cotrim. São Paulo: WMF Martins Fontes, 2009]. Para um comentário mais vigoroso e antipsicanalítico contra a interpretação do relacionamento entre Antígona e Polinices como um

NOTAS

vínculo incestuoso, ver Vernant e Vidal-Naquet, "Oedipus without the complex", em *Myth and tragedy in Ancient Greece*, pp. 100-102.

20. Dylan Evans, *An Introductory Dictionary of Lacanian Psychoanalysis* (Londres: Routledge, 1996), p. 202.

21. Juliet Mitchell, *Psychoanalysis and Feminism* (Nova York: Random House, 1974), p. 370.

22. Para uma interessante história do simbólico e uma interpretação controversa das posições simbólicas do sexo nos arranjos de parentesco contemporâneos, ver Michel Tort, "Artifices du père", *Dialogue: recherches cliniques et sociologiques sur le couple et la famille*, nº 104, 1989, pp. 46-60; "Symboliser le Différend", *Psychanalystes*, nº 33, 1989, pp. 9-18; e "Le Nom du père incertain: Rapport pour le ministère de la justice" (não publicado, arquivo do autor).

23. Ver Robert Graves, *The Greek myths: 2* (Londres: Penguin, 1960), p. 380 [Ed. bras.: *Os mitos gregos, Volume 2*. Trad. Fernando Klabin. Rio de Janeiro: Nova Fronteira, 2018]. Agradeço o artigo de Carol Jacobs citado neste texto por esta última referência.

24. Ver Seth Bernardete, "A Reading of Sophocles's *Antigone I*", *Interpretation: Journal of Political Philosophy* 4, nº 3, 1975, p. 156. Bernardete cita aqui Wilamowitz-Moellendorf, *Aischylos Interpretationen* 92, nº 3, para embasar sua tradução. Stathis Gourgouris oferece os seguintes comentários provocativos sobre "a rica polivalência do nome de Antígona":

A REIVINDICAÇÃO DE ANTÍGONA

A preposição *anti* significa tanto "em oposição a" como "em compensação por"; *gonê* pertence a uma série de derivações de *genos* (parente, linhagem, ascendência) e significa simultaneamente descendentes, geração, ventre, semente, nascimento. Com base nesta polifonia etimológica (a batalha pelo significado reside no núcleo do próprio nome), podemos argumentar que Antígona encarna tanto uma oposição do parentesco à pólis (em compensação por sua derrota para as reformas da *demos*), quanto uma oposição *ao* parentesco, expressa por seu apego a seu irmão por meio de um desejo perturbador, uma *philia* que vai além do parentesco.

Do capítulo "Philosophy's Need for Antigone", em Stathis Gourgouris, *Literature as Theory (For an Antimythical Era)* (Stanford: Stanford University Press, 2003).

Capítulo 2. Leis não escritas, transmissões aberrantes

1. Alguns comentadores políticos da peça, como Jean Bethke Elshtain, sugeriram que Antígona representa a sociedade civil, que sua relação com Hêmon e o coro, em particular, constitui uma "voz" que não é nem a do parentesco, nem a do Estado. Sem dúvida, o coro expressa um julgamento da comunidade, mas seria um erro concluir por isso que a comunidade funciona como uma esfera separada ou se-

NOTAS

parável do parentesco ou do Estado. A meu ver, Antígona não fala com uma voz imaculada. Isso significa que ela não pode nem representar o feminino acima do Estado e opostamente a ele, nem uma versão do parentesco em sua distinção do poder do Estado. Ver Jean Bethke Elshtain, "Antigone's Daughters", em *Democracy*, v. 2, nº 2, pp. 46-59, abril, 1982. Seyla Benhabib examina a ambivalência que se desdobra na maneira como Hegel concebe as mulheres, defendendo que Antígona, em última instância, não tem lugar no avanço dialético da universalidade. Isso é sem dúvida verdadeiro na *Fenomenologia do espírito* e parece ser uma das consequências das oposições apresentadas na *Filosofia do direito*, conforme demonstra Benhabib. Contudo, seria interessante considerar, a esse respeito, o argumento de Hegel na *Estética*, quando diz que a universalidade de Antígona é rastreável em seu "páthos". Ver *Hegel's Aesthetics: Lectures on Fine Art, Volume I*. Trad. T. M. Knox (Oxford: Clarendon Press, 1975), pp. 232 [Ed. bras.: *Curso de estética, Volume I*. Trad. Marco Aurélio Werle. São Paulo: Edusp, 2001]. Para a discussão de Seyla Benhabib, ver *Situating the Self: Gender, Community, and Postmodernism in Contemporary Ethics* (Nova York: Routledge, 1992), pp. 242-259 [Ed. bras.: *Situando o self: gênero, comunidade e pós-modernismo na ética contemporânea*. Trad. Ana Claudia Lopes e Renata Romolo Brito. Brasília: Editora UnB, 2021]. Sobre esse tópico, ver também Valerie Hartouni, "Antigone's Dilemmas: a Problem of Political Member-

A REIVINDICAÇÃO DE ANTÍGONA

ship", *Hypatia*, v. 1, nº 1, pp. 3-20, segundo semestre de 1986; Mary Dietz, "Citizenship with a Feminist Face", *Political Theory*, v. 13, nº 1, 1985., pp. 19-37

2. Todas as citações do original deste livro em língua inglesa vêm da tradução de Miller citada na nota 4, capítulo 1, com referência à edição alemã da Suhrkamp citada na mesma nota. As citações se referem primeiro à paginação do texto em inglês, seguida das páginas do original alemão.

3. Ver Charles Taylor, *Hegel and Modern Society* (Cambridge: Cambridge University Press, 1979), pp. 1-68 [Ed. bras.: *Hegel e a sociedade moderna*. Trad. Luciana Pudenzi. São Paulo: Edições Loyola, 2005].

4. Derrida aponta que Hegel faz uma generalização demasiadamente rápida da situação específica da família de Antígona para a "lei" mais geral que se supõe que ela representa e defende. Afinal, ela dificilmente representa a família viva e intacta, e não está claro que estruturas de parentesco ela representa. Diz Derrida, "E se a condição de órfão for uma estrutura do inconsciente? Os pais de Antígona não são pais como outros quaisquer. Ela é a filha de Édipo e, de acordo com a maioria das versões nas quais todos os autores de tragédias se inspiram, de Jocasta, sua avó incestuosa. Hegel nunca fala dessa geração como adicional [*de plus*], como se fosse externa às estruturas elementares do parentesco". Embora no que se segue Derrida pareça concordar com Hegel quanto à condição desprovida de desejo da relação

NOTAS

de Antígona com o irmão, ele talvez esteja escrevendo em um tom irônico, no sentido de que nega o desejo, mas depois o chama de impossível, confirmando assim que o desejo está de alguma forma envolvido: "Assim como Hegel, ficamos fascinados com Antígona, com essa relação inacreditável, esse poderoso vínculo desprovido de desejo, esse desejo impossível, imenso, que não poderia viver, capaz apenas de perturbar, paralisar ou exceder qualquer sistema ou história, de interromper a vida do conceito, de sufocar sua respiração." Ver Jacques Derrida, *Glas*. Trad. John P. Leavey Jr. e Richard Rand (Lincoln: University of Nebraska, 1986), pp. 165-166.

5. Hegel cita a tradução de Hölderlin da peça *Antígona*, de Sófocles, de título *Antigonä* (Frankfurt: Wilmans Verlag, 1804), três anos anterior à publicação da *Fenomenologia*.

6. Grene, *Antigone*.

7. Hegel segue falando sobre quem faz tal reconhecimento, mas essa pessoa, aparentemente, não pode ser Antígona. Ele se refere, em vez dela, a Polinices e Etéocles, dois irmãos que, segundo a descrição, surgem contingentemente da "Natureza", cada um reivindicando o mesmo direito a liderar a comunidade. "A lei humana, em sua existência universal, é a comunidade; em sua atividade em geral, é a condição masculina da comunidade; em sua atividade real e efetiva, é o governo. Ela é, *se move* e *se mantém* consumindo e absorvendo em si a separação dos penates [deuses

A REIVINDICAÇÃO DE ANTÍGONA

domésticos], ou a separação em famílias distintas presididas pela feminilidade, e mantendo-as dissolvidas na continuidade fluida de sua própria natureza" (pp. 287-288).

8. "O valor do filho consiste em ser senhor e mestre da mãe que o trouxe ao mundo; o valor do irmão, em ser alguém em quem a irmã encontra um homem num nível de igualdade; e o valor do jovem, em ser alguém através do qual a filha [...] obtém o prazer e a dignidade de uma esposa [*den Genuss und die Würde der Frauerschaft erlangt*]" (p. 288, p. 353).

9. [*Das Gemeinwesen kann sich aber nur durch Unterdrückung dieses Geistes der Einzelheit erhalten.*] Ele também reconhece que a comunidade exige esse individualismo e, assim, acaba por "gerá-lo" [*weil es wesentliches Moment ist,* erzeugt *es ihn zwar ebenso*] (p. 288, p. 353, ênfase minha). Essa criação e essa supressão simultâneas se dão pela operação do que ele chama de uma "atitude repressiva" [*unterdrückende Haltung*], que anima seu objeto como um princípio hostil. Assim, não fica claro se é a própria Antígona que é hostil, ou se é justamente essa atitude repressiva que a obriga a ser hostil. De todo modo, ela é caracterizada como "má e fútil" precisamente por causa de sua separação do universal.

10. "Na guerra, essa negatividade dominante [...] preserva a totalidade" (p. 289).

11. Ali ele diz que o "homem tem sua vida efetiva e substantiva no Estado" e que "a mulher [...] tem seu destino

NOTAS

substantivo na família, pois seu caráter ético consiste em estar imbuída da piedade familiar". Ver *Philosophy of Right*, de Hegel. Trad. T. M. Knox (Londres: Oxford University Press, 1967), p. 114 [Ed. bras.: *Filosofia do direito*. Trad. Paulo Meneses. São Paulo: Edições Loyola, 2010]. Hegel considera a *Antígona* de Sófocles uma das "mais sublimes representações dessa virtude", uma interpretação, aliás, que Lacan julgará totalmente equivocada. Para Hegel, essa "lei da mulher" é a "lei de uma substancialidade ao mesmo tempo subjetiva e pertencente ao campo do sentimento, a lei da vida interior, uma vida que ainda não alcançou sua realização plena". Isso se refere "a lei dos deuses antigos, 'os deuses do mundo subterrâneo'"; "uma lei eterna, e *nenhum homem sabe em que momento ela foi formulada pela primeira vez*" (p. 115, ênfase minha).

12. A *Filosofia do direito* de Hegel. "Essa é a oposição suprema na ética e, portanto, na tragédia, e se mostra individualizada na mesma peça nas naturezas opostas do homem e da mulher" (p. 115).

13. Jacques Lacan, *Le Séminaire, Livre II: Le Moi dans la théorie de Freud et dans la technique de la psychanalyse, 1954-1955* (Paris: Éditions du Seuil, 1978, p. 42); *The Seminar of Jacques Lacan, Book II: the Ego in Freud's Theory and in the Technique of Psychoanalysis, 1954-1955*, org. Jacques-Alain Miller. Trad. Sylvana Tomaselli (Nova York: Norton, 1988, p. 29) [Ed. bras.: *O seminário, livro 2: o eu na teoria de*

Freud e na técnica da psicanálise. Trad. Maria Christine Laznik Penot. Rio de Janeiro: Zahar, 1985].

14. [*Il y a un circuit symbolique extérieur au sujet, le petit cercle qu'on appelle son destin, est indéfiniment inclus*]. *Le Séminaire II*, p. 123.

15. "Isso não é nada mais, nada menos do que aquilo que o inconsciente pressupõe tal como o descobrimos e manipulamos na análise" (*Seminar II*, p. 30). Aqui não se trata simplesmente de o simbólico funcionar *como* o inconsciente, mas de o simbólico ser exatamente o que o inconsciente pressupõe.

16. *Le Séminaire, Livre VII: L'éthique de la psychanalyse* (Paris: Éditions du Seuil, 1986); *The Seminar of Jacques Lacan, Book VII: The Ethics of Psychoanalysis*, org. Jacques-Alain Miller. Trad. Dennis Porter (Nova York: Norton, 1992).

17. "*Il désigne la limite que la vie humaine ne saurait trop longtemps franchir*" (*Le Séminaire II*, p. 305).

18. E é a linguagem que lhe confere o ser: "Antígona se apresenta [...] como uma pura e simples relação do ser humano com aquilo de que ele miraculosamente se encontra como portador, a saber, *o corte significante* que lhe confere o poder inviolável de ser, apesar de tudo lhe possa fazer oposição, o que ele é" (*Seminário VII*, p. 282, ênfase minha).

19. Orlando Patterson, *Slavery and Social Death* (Cambridge: Harvard University Press, 1982), pp. 38-46 [Ed. bras.:

NOTAS

Escravidão e morte social. Trad. Fabio Duarte Joly. São Paulo: Edusp, 2008].

CAPÍTULO 3. OBEDIÊNCIA PROMÍSCUA

1. Steiner, *Antigones*, p. 18.
2. David Schneider, *A Critique of the Study of Kinship* (Ann Arbor: University of Michigan Press, 1984, p. 131).
3. "*Das Wort mittelbarer faktisch wird, indem es den sinnlicheren Körper ergreift. Das griechischtragische Wort ist tödlichfaktisch, weil der Leib, den es ergreift, wirklich tötet*", em "Anmerkungen zur Antigone", em *Friedrich Hölderlin, Werke in einem Band* (Munique: Hanser Verlag, 1990), p. 64. Todas as citações em inglês são de "Remarks on Antigone", *Friedrich Hölderlin: Essays and Letters*, org. e trad. Thomas Pfau (Albany: State University of New York Press, 1977). Ver também Philippe Lacoue-Labarthe, *Métaphrasis suivi de la théâtre de Hölderlin* (Paris: Presses Universitaires de France, 1988, pp. 63-73).
4. Heidegger traz uma longa reflexão sobre a tradução que Hölderlin faz de *Antígona* (1803), bem como sobre suas "Observações sobre Antígona", com respeito às várias maneiras pelas quais Hölderlin apresenta a "excepcionalidade" da personagem. A proximidade da morte enfatizada nas "Observações sobre Antígona" corresponde em grande

medida à leitura que Heidegger faz de Antígona como alguém cujo exílio estabelece sua relação essencial com um sentido de ser que está além da vida humana. Essa participação no que não é vivo acaba se revelando como análoga à própria condição de vida. Como na leitura proposta por Jacques Lacan, Heidegger também afirma que "[Antígona] nomeia o próprio ser" (p. 118) e que essa proximidade do ser implica um necessário distanciamento dos seres vivos, ainda que esta seja a base de sua própria gênese.

De maneira similar, Heidegger entende a "lei não escrita" à qual Antígona se refere como uma relação com o ser e com a morte:

> Antígona reconhece como adequado tudo que lhe é destinado do domínio do que quer que prevaleça além dos deuses superiores (Zeus) e além dos deuses inferiores [...] Contudo, isso não se refere nem aos mortos, nem aos laços de sangue com seu irmão. O que determina Antígona é o que primeiro atribui fundamento e necessidade à distinção dos mortos e à prioridade do sangue. Isso, Antígona, e isso também significa o poeta, fica sem um nome. A morte e o ser humano, o ser humano e a vida corporificada (sangue), em cada caso, permanecem juntos. A "morte" e o "sangue" em cada caso nomeiam domínios diferentes e extremos do ser humano.

NOTAS

Em Martin Heidegger, *Hölderlin's hymn "The Ister"*. Trad. William McNeill e Julia Davis (Bloomington: Indiana University Press, 1996, p. 117).

5. Nas últimas décadas, vários trabalhos importantes na área da antropologia têm mostrado as limitações dos paradigmas estruturalistas no que diz respeito à reflexão sobre o problema do parentesco, incluindo Marilyn Strathern, *Reproducing the Future: Essays on Anthropology, Kinship, and the New Reproductive Technologies* (Nova York: Routledge, 1992). Em *Gender and Kinship: Essays Toward a Unified Analysis*, org. Jane Fishburne Collier e Sylvia Junko Yanagisako (Stanford: Stanford University Press, 1987), as organizadoras argumentam em oposição a uma visão de parentesco focada exclusivamente nas relações simbólicas em detrimento da ação social. Perspectivas apresentadas nesse volume que tentam elaborar as condições sociais complexas das relações de parentesco em oposição às análises funcionalistas e estritamente estruturalistas podem ser encontradas em importantes contribuições de John Comaroff, Rayna Rapp, Marilyn Strathern e Maurice Bloch. Ver também Sylvia Junko Yanagisako, "The Analysis of Kinship Change", em *Transforming the Past: Tradition and Kinship Among Japanese Americans* (Stanford: Stanford University Press, 1985), no qual a autora critica tanto as abordagens estruturalistas quanto as funcionalistas por não conseguir oferecer uma compreensão dinâmica das relações de pa-

rentesco. David Schneider, em *A Critique of the Study of Kinship*, desenvolve uma reflexão sobre como os modelos teóricos do parentesco elaborados por Fortes, Leach e Lévi-Strauss impõem restrições teóricas à percepção etnográfica, não levando em conta sociedades que permaneceram distantes da norma teórica e que, independentemente de sua pretensão de não tomar as relações biológicas de reprodução como ponto de partida no estudo do parentesco, ainda assim fazem desse ponto uma premissa fundamental de sua obra (ver pp. 3-9, pp.133-177). Em particular, a obra de Pierre Clastres, na França, tendo causado agitação e controvérsia, em parte claramente baseada em trabalhos anteriores de Marshall Sahlins, argumenta que a esfera do social não pode ser reduzida a questões de parentesco, e adverte contra qualquer tentativa de tratar as regras do parentesco como se fornecessem os princípios de inteligibilidade para toda e qualquer ordem social. Clastres afirma, por exemplo, que não é possível reduzir as relações de poder às relações de troca: "O poder estabelece uma relação... com os... níveis estruturais essenciais da sociedade: isto é, encontra-se no centro do universo comunicativo" (p. 37). Em *Society Against the State*. Trad. Robert Hurley (Nova York: Zone, 1987), pp. 27-49 [Ed. bras.: *A sociedade contra o Estado*. Trad. Theo Santiago. São Paulo: Ubu, 2017]. Clastres defende que se ressituem os "intercâmbios femininos" no âmbito das relações de poder. E, em "Marxists and Their Anthropology", faz uma crítica mordaz a Maurice

NOTAS

Godelier no que diz respeito à questão do parentesco e do Estado. Nela afirma que a principal função do parentesco não é instituir o tabu do incesto ou exemplificar relações de produção, mas transmitir e reproduzir o "nome" do parente, acrescentando que "a função da nominação, inscrita no parentesco, determina todo o ser sociopolítico da sociedade primitiva. É aí que se estabelece o vínculo entre parentesco e sociedade". Ver Pierre Clastres, *Archaeology of Violence*. Trad. Jeanine Herman (Nova York: Semiotext(e), 1994), p. 134 [Ed. bras.: *Arqueologia da violência*. Trad. Paulo Neves. São Paulo: Cosac & Naify, 2000]. Para uma abordagem do parentesco como prática corporificada, ver também Pierre Bourdieu, *The Logic of Practice*. Trad. Richard Nice (Stanford: Stanford University Press, 1990), pp. 34-35 [Ed. bras.: *O senso prático*. Trad. Maria Ferreira. Petrópolis: Vozes, 2012].

6. Não sugiro aqui que o perverso simplesmente habite a norma como algo que permanece autônomo, e tampouco proponho que ele seja dialeticamente assimilado à própria norma. Pode-se compreender como o indicador da impossibilidade de manter um bloqueio soberano a qualquer reivindicação de legitimidade, visto que a reiteração da reivindicação fora do seu lugar legitimado de enunciação mostra que esse lugar legítimo não é a fonte de sua efetividade. A este respeito, estou em dívida com o que acredito ser a significativa reformulação de Homi Bhabha, dispersa em toda a sua obra, tanto da teoria dos

atos de fala quanto da ideia foucaultiana do discurso desenvolvida na *Arqueologia do saber*.

7. Slavoj Žižek, *Enjoy Your Symptom!* (Nova York: Routledge, 1992).

8. Ver minha contribuição, "Competing universalities"; em Judith Butler, Ernesto Laclau e Slavoj Žižek, *Universality, Hegemony, Contingency* (Londres: Verso, 2000).

9. A estratégia adotada aqui tem sido a de argumentar que o tabu do incesto nem sempre produz a família normativa, mas talvez seja mais importante reconhecer que a família normativa que é de fato produzida por ele nem sempre é o que parece. Por exemplo, há méritos indiscutíveis na análise proposta por Linda Alcoff e outros, segundo a qual o incesto heterossexual nas famílias heterossexuais normativas é mais uma extensão do que uma revogação da prerrogativa patriarcal na normatividade heterossexual. A proibição não é total ou exclusivamente privativa, isto é, como proibição requer *e produz* o espectro do crime que proíbe. Para Linda Alcoff, em um interessante movimento foucaultiano, a proibição oferece uma guarida que protege e instiga a prática do incesto. Mas será que há algum motivo para verificar a produtividade do tabu do incesto aqui, nessa inversão dialética do seu propósito? Ver Linda Alcoff, "Survivor Discourse: Transgression or Recuperation?", *SIGNS*, v. 18, nº 2, pp. 260-291, segundo semestre de 1993. Para uma análise foucaltiana muito interessante e corajosa da criminalização do incesto, ver também Vikki

NOTAS

Bell, *Interrogating Incest: Feminism, Foucault, and the Law* (Londres: Routledge, 1993).

10. Gayle Rubin, "The Traffic in Women: Notes on the 'Political Economy' of sex", em *Toward an Anthropology of Women*, org. Rayna R. Reiter (Nova York: Monthly Review Press, 1975) [Ed. bras.: "O tráfico de mulheres, notas sobre a economia política do sexo", em *Políticas do sexo*. Trad. Jamille Pinheiro Dias. São Paulo: Ubu, 2017].

11. Ver *Gender and Kinship*, org. Collier e Yanagisako. Para uma excelente crítica das perspectivas do parentesco baseadas no gênero, que mostra como o pressuposto acrítico do casamento subscreve a análise antropológica do parentesco, ver John Borneman, "Until Death Do Us Part: Marriage/Death in Anthropological Discourse", *American Ethnologist*, v. 23, nº 2, 1996, pp. 215-238.

12. David Schneider, *A Critique of the Study of Kinship*; *American Kinship* (Chicago: University of Chicago Press, 1980).

13. Carol Stack, *All Our Kin: Strategies for Survival in a Black Community* (Nova York: Harper and Row, 1974).

14. Ver, em particular, o uso muito interessante de Hegel, em sua discussão sobre a desumanização na escravidão, em Orlando Patterson, *Slavery and Social Death: A Comparative Study*, pp. 97-101. Para a iluminadora análise de Patterson sobre Antígona, ver *Freedom, Volume I: Freedom in the Making of Western Culture* (Nova York: Basic Books, 1991, pp. 106-132).

A REIVINDICAÇÃO DE ANTÍGONA

15. Angela Davis, "Rape, Racism, and the Myth of the Black Rapist", reimpresso em *Women, Race, and Class* (Nova York: Random House, 1981), pp. 172-201 [Ed. bras.: *Mulheres, raça e classe*. Trad. Heci Regina Candiani. São Paulo: Boitempo, 2016].

16. Claude Lévi-Strauss, *Race et Histoire* (Paris: Denoël, 1987) [Ed. port.: *Raça e história*. Trad. Inacia Canelas. Lisboa: Editorial Presença, 2006]; *Structural Anthropology, Volume 2*. Trad. Monique Layton (Nova York: Basic Books, 1974), pp. 323-362 [Ed. bras.: *Antropologia estrutural II*. Trad. Beatriz Perrone-Moisés. São Paulo: Ubu, 2018].

17. Kath Weston, *Families We Choose: Lesbians, Gays, Kinship* (Nova York: Columbia University Press, 1991).

18. Como Lacan, Derrida parece aceitar a singularidade da relação de Antígona com seu irmão, algo que Hegel descreve, como já vimos, como uma relação desprovida de desejo. Embora Derrida não analise a peça *Antígona*, em *Glas* ele propõe uma leitura da figura de Antígona em Hegel, mostrando como ela vem a marcar o fora radical no que diz respeito ao pensamento sistemático de Hegel e seu "fascínio por uma figura inadmissível dentro do sistema" (p. 151). Embora eu concorde que nem a figura nem a tragédia de Antígona possam ser facilmente assimiladas à estrutura interpretativa da *Fenomenologia do espírito* ou da *Filosofia do direito*, e apesar de a peça ser curiosamente aplaudida na *Estética* como "a mais magnífica e satisfatória obra de

NOTAS

arte", seria um erro considerar sua persistente ilegibilidade na perspectiva hegeliana como sinal de sua ilegibilidade final ou necessária.

19. Giorgio Agamben. *Homo Sacer: Sovereign Power and Bare Life*. Trad. Daniel Heller-Roazen (Stanford: Stanford University Press, 1998) [Ed. bras.: *Homo sacer: o poder soberano e a vida nua*. Trad. Henrique Burigo. Belo Horizonte: Editora UFMG, 2004].

20. Hannah Arendt. *The Human Condition* (Chicago: University of Chicago Press, 1969, parte 1) [Ed. bras.: *A condição humana*. Trad. Roberto Raposo. Rio de Janeiro: Forense Universitária, 2010].

ÍNDICE

A

Agamben, Giorgio, 136
aids, 58, 128
Alcoff, Linda, 164n9
Antropologia, 124, 127, 161n5, 165n11
Arendt, Hannah, 137
Atos de fala, 27, 30, 33-39 *passim*, 62, 70, 78-79, 82-83, 91, 112-113, 118, 131-132, 136, 139, 163n6. *Ver também* Performativos

B

Bell, Vikki, 164-165n9
Benhabib, Seyla, 153n1
Bernardete, Seth, 151n24
Bhabha, Homi, 163n6
Bloch, Maurice, 161n5
Borneman, John, 165n11
Bourdieu, Pierre, 163n5

C

Catarse, 91-92
Cegueira, 31, 55, 67, 98, 109
Clastres, Pierre, 162n5
Collier, Jane Fishburne, 124, 161n5
Comaroff, John, 161n5
Complexo de Édipo, 49, 52, 54-56, 66, 85-86, 103, 117, 122, 129-130
Crime, 31, 35, 67-75 *passim*, 78, 100, 108-109, 111, 118, 124-125, 132, 134, 139
Culpa, 66-71, 112, 135

D

Davis, Angela, 126-127
Derrida, Jacques, 150n17, 154-155n4, 166n18
Desejo, 42-43, 46-47, 54, 64, 70, 75-76, 80, 88-101 *passim*, 109, 113, 131-132, 154-

155n4, 166n18
Dietz, Mary, 153-154n1
Donougho, Martin, 149n14

E

Édipo, 55-56, 59, 67-68, 99, 103-110 *passim*, 112-113, 132
Elshtain, Jean Bethke, 152-153n1
Ehrenberg, Victor, 146n8
Enterro, 33-35, 57, 70, 92, 97, 104, 108, 118, 128, 130
Escravidão 43, 126-127, 138
Estado, 25, 30-31, 38-40, 45-46, 62-66, 71-75 *passim*, 152-153n1
Estruturalismo, 28, 40, 45-53 *passim*, 55, 65-66, 81, 115, 123-125; em seus limites, 37, 161-163n5
Ética, 27-28, 30, 41, 66-76 *passim*, 87-88
Euben, Peter, 145-146n8

F

Feminilidade, 27, 29, 36, 41, 63, 72-74, 80-82, 109-110, 118-119, 121, 136, 152-153n1, 156n8. *Ver também* Hegel e "condição da mulher"
Feminismo, 25-26, 50, 120-121, 124, 128-129
Foraclusão, 59, 64, 95, 100-101,

117, 132-133, 136
Foucault, Michel, 48, 165-164n6
Freud, Sigmund, 65, 136

G

Gênero, 35-38, 49-51, 53-54, 110-111, 113, 118-124 *passim*, 130-131, 135-136, 138-139
Glória, 40, 56
Godelier, Maurice, 163n5
Gould, Timothy, 148n13
Gourgouris, Stathis, 151n24
Griffith, Mark, 145n7

H

Hartouni, Valerie, 153n1
Hegel, G. W. F., 26-30, 126, 131, 148n14, 153n1, 166n18; e Antígona, 66-71; e parentesco, 63-64, 72, 155n7; e reconhecimento 40-44; e lei, 67, 76-80; e Estado, 63-64, 72; e guerra, 40, 74-76, 156n10; e "feminilidade", 72-75, 156n7, 156-157n11
Heidegger, Martin, 159-161n4
Hölderlin, Friedrich, 111-113, 155n5, 159n3, 159-161n4
Homossexualidade, 55, 121-122, 127-128. *Ver também* Teoria queer
Hýbris, 38, 136

ÍNDICE

I

Imaginário, 28, 91

Incesto, 31-32, 42, 45-51 *passim*, 57, 65-66, 74, 81, 87, 89, 98, 107, 112, 116-117, 121-124, 133, 146n9, 149n14, 154n4, 164n9

Inconsciente, 68-70, 76-80, 131

Irigaray, Luce, 25-29 *passim*, 80, 144n3

J

Jacobs, Carol, 144n3

Johnson, Patricia, 146n9

L

Lacan, Jacques, 27-28, 40, 43-52, 63-66, 79-100 *passim*, 123, 128, 166n18

Laclau, Ernesto, 164n8

Lacoue-Labarthe, Philippe, 159n3

Lei, 26-28, 30-31, 50-51, 53-54, 67-68, 90, 114; e perversão, 72-75, 99-100, 118-119, 129, 163-164n6; e representabilidade, 63, 67-68, 76-80, 82, 90, 96, 154-155n4, 160n4; como divina, 36-37, 67, 71, 76-77, 83-84, 90, 94-96, 160n4; como simbólica, 49, 65, 81-84, 123-124; em seus limites, 69, 76, 90, 96-97, 115-116, 119, 123-124; do Pai, 53-54, 129

Lévi-Strauss, Claude, 40, 45-47, 49, 51-52, 55, 81-82, 84, 89, 98, 120, 124, 127

Linguagem, 31-32, 34-40 *passim*, 51-52, 56, 131-133, 137-139; e parentesco, 28, 44, 51-52, 63-64, 80-81, 99, 114, 118-119, 131-132, 138; em seus limites, 100, 114, 118-120, 131-137 *passim*, 152-153n1; da autoridade, 30-32, 61-62; princípios normativos da, 28, 125, 137. *Ver também* Performativos, Simbólico

Loraux, Nicole, 147n12, 149n15

Luto, 57, 106-107, 117, 118, 127-128, 133-137. *Ver também* Melancolia

M

Maldição, 56-57, 96, 99, 103, 105-109 *passim*, 112, 114-116

Masculinidade, 29, 73-74, 118-119, 156n8; e soberania, 32, 36; como "virilidade", 32, 35-39, 108-110, 112-113, 136

Masoquismo, 89

Maternidade, 29, 33, 41, 49, 55, 75, 122-124, 130, 135, 156n8; e o simbólico, 119-121

Melancolia, 133-137 *passim*. *Ver também* Luto

Miller, Jacques-Alain, 121

Mills, Patricia, 144n3

Mimese, 26, 39, 55, 90, 108, 116. *Ver também* Repetição

Mitchell, Juliet, 51, 129

Morte, 49, 57-58, 61-64, 70, 79, 85, 89-100 *passim*, 106-108, 112-113, 117-118, 130-132, 159-161n4

N

Natureza, 40, 45-46, 51-52, 80-81, 116, 155-156n7

Nussbaum, Martha, 48

O

Ober, Josiah, 148n13

P

Parentesco, 27-29, 36-37, 39-42, 49, 51-53, 152-153n1; e linguagem, 28, 44, 51-52, 63-64, 80-81, 99, 114, 118-119, 131-132, 138; e estruturalismo, 115-116; e a lei, 37-38, 54, 63, 75-80; e o

Estado, 64, 74-76, 156n9; e o simbólico, 51-52, 81-86 *passim*, 89; como prática/ato, 105-108; em seus limites, 32, 36, 39-40, 63-64, 81, 89, 92-93, 98-99, 109-111, 116-117, 121-122, 132-133, 138; dissolução do, 27, 31-32, 38, 44-45, 54-55, 57, 63, 74, 103-104, 116, 124; idealização do, 28, 32, 52, 63-64; na crise contemporânea, 30-31, 50, 55-59, 64, 100, 115-130 *passim*; princípios normativos do, 25-26, 44, 53-54, 58, 65-68, 115-117, 121-126, 133-134, 163-164n6, 164-165n9

Patterson, Orlando, 100, 126

Performativos, 38-39, 53, 77-78, 104-107, 110-116 *passim*, 118-119, 135-138, 148n13; como divinos, 30, 36-37, 112; como políticos, 26-30, 33-35, 38, 58-59, 67-62, 69-73, 76, 109, 118, 131, 135-136. *Ver também* Atos de fala

Poder, 31-32, 38, 41, 53-54, 100, 116-117, 162n5; da soberania, 33-35, 39, 67-62; das palavras, 110-115, 131

Pós-estruturalismo, 116, 121-122

ÍNDICE

Proibição, 33, 38-39, 107-108, 117-118, 124, 128, 134-135, 138; do incesto, 42-49 *passim*, 57-58, 65, 81, 86-87, 97-98, 116-117, 121, 132-133, 164n9

Psicanálise, 28, 50, 53, 55, 65-66, 103, 114, 116-118, 121-122, 128-130; e estruturalismo, 50, 55, 65-66, 81, 121; em seus limites, 121-122, 129; princípios normativos da, 121-122, 129

Pulsão de morte, 31, 65, 89-90, 96-100

R

Rapp, Rayna, 161n5

Reconhecimento, 57-58, 117, 121, 127-128, 133-134, 137; e "morte social", 126, 137. *Ver também* Hegel e reconhecimento

Repetição, 39, 91, 96, 104-105, 113, 134. *Ver também* Mimese

Representação, 25-30 *passim*, 36-37, 41-42, 55, 62-63, 78-79, 89, 91-92, 127; em seus limites, 26, 41, 55, 91-92, 94-95, 99, 116-117, 119-120, 129-130, 138; de Antígona, 85, 97-98. *Ver também* Mimese,

Lei e representabilidade

Rosaldo, Michelle, 124

Rubin, Gayle, 124

S

Sahlins, Marshall, 162n5

Sangue, 28-29, 42, 81, 127, 160n4

Schneider, David, 104, 124, 162n5

Segal, Charles, 146n10

Ser, 90-93, 96-99, 104, 113, 137, 159-160n4

Silverman, Kaja, 145n6

Simbólico, 26-28, 40, 43-53 *passim*, 63-65, 80-86 *passim*, 115, 120, 151n22; e estruturalismo, 47, 51, 115, 121; e o universal, 45-48, 52, 84-87; em seus limites, 56, 64, 89-92, 94-100 *passim*, 120-124 *passim*; princípios normativos do, 49, 65, 119-123

Sittlichkeit [eticidade], 27, 41-42, 67

Soberania, 39, 56, 61-63, 79, 131-132, 163n6. *Ver também* Poder

Stack, Carol, 125

Steiner, George, 103, 144n2, 150n18

Strathern, Marilyn, 161n5

Sublime, 87-89, 91-93

T

Tabu, do incesto. *Ver também* Proibição do incesto

Taylor, Charles, 154n3

Tempo/Temporalidade, 45, 52-53, 59, 64, 76, 83, 105-109, 113-115

Teoria *queer*, 50, 53-54, 124-129 *passim*. *Ver também* Homossexualidade

Tort, Michel, 151n22

U

Universal, 45-48, 52, 67, 72-76, 79, 84-87, 97, 152-153n1, 156n9

V

Vernant, Jean-Pierre, 146n8, 151n19

Vidal-Naquet, Pierre, 146n8, 151n19

W

Warner, Michael, 128

Weston, Kath, 127

Y

Yanagisako, Sylvia Junko, 124, 161n5

Z

Zeitlin, Froma, 147n11

Žižek, Slavoj, 118-119, 164n8

A primeira edição deste livro foi impressa em maio de 2022, às vésperas do quadragésimo segundo aniversário do primeiro protesto unificado a favor da vida e das existências gay, lésbica e transexual no Brasil.

Todas as conquistas de direitos que afirmam a existência LGBTQIA+ de maneira digna foram obtidas graças aos gritos reivindicatórios dessa comunidade e de seus aliados e em memória daqueles que não puderam usufruí-las.

Esse livro foi composto em ITC Galliard Pro, corpo 10,5/15,5. A impressão se deu sobre papel off-white pelo Sistema Cameron da Divisão Gráfica da Distribuidora Record.